ENTWICKLUNGS-PSYCHOLOGIE

- GRUNDLAGEN

Die Entwicklung im Kindes- und Jugendalter optimal fördern und Entwicklungsstörungen frühzeitig aufdecken.

Kinder liebevoll ins Erwachsenenalter begleiten

VERONICA LENZ

INHALTSVERZEICHNIS

1. Einleitung 1

2. Was ist die Entwicklungspsychologie und aus welchen Teilbereichen setzt sie sich zusammen? 3

3. Darauf basiert die Entwicklungspsychologie 5

3.1 Darum verläuft die Entwicklung von Mensch zu Mensch anders 8

3.2 Die Kindheit basiert auf unterschiedlichen Entwicklungsstufen und Entwicklungsaufgaben 11

3.3 Die Entwicklungstheorie nach Piaget 18

3.4 Sensomotorische Fähigkeiten als Grundlage der Entwicklung 25

4. Die Kognition - Das rationale Denken 29

4.1 Die Kognition ist ein sich entwickelnder Prozess 31

4.2 Förderung der Kognition 35

4.3 Kann Intelligenz gefördert oder trainiert werden? 38

5. Die emotionale wirkung von Kindern und Jugendlichen 41

5.1 Emotionen müssen erst erkannt werden, bevor sie bewusst gesteuert werden können 43

5.2 Große Veränderungen im Jugendalter 44

6. Soziale Beziehungen und Kompetenzen 47

6.1 Soziale Fähigkeiten durch Spiele fördern 50

6.2 Was mich wütend macht - Ein Spiel für die soziale Wahrnehmung 52

6.3 Welche Auswirkungen haben Übungen zur sozialen Kompetenz auf Kinder? 55

7. Die Eltern-Kind-Beziehungen 59

7.1 Die Eltern-Kind-Beziehung entwickelt sich spürbar im Verlauf von Etappen 66

7.2 Das Grundschulalter - Die Kinder werden flügge 70

7.3 Mit diesen Tipps kannst Du die Beziehung zwischen Dir und Deinem Kind verbessern 71

8. Geschlechterunterschiede in der Entwicklungspsychologie 79

9. Das Selbstkonzept von Kindern fördern und sie somit stärken 89

9.1 Wie lässt sich das Selbstkonzept positiv beeinflussen 92

9.2 Nutze ethische sowie moralische Grundsätze 101

10. Abweichungen sowie Verzögerungen in der Entwicklung im Kindes- und Jugendalter 109

10.1 Depressionen bei Kindern und Jugendlichen 110

10.2 Motorische Entwicklungsstörungen bei Kindern und Jugendlichen aufgrund psychologischer Faktoren 122

11. Fazit 131

1. EINLEITUNG

Sobald ein Neugeborenes das Licht der Welt erblickt, beginnen unterschiedlichste Prozesse und Entwicklungen ihren Lauf zu nehmen. Seitens der Natur sind wir Menschen grundlegend auf viele Facetten des Lebens vorbereitet, das nun vor uns liegt. Viele dieser nach und nach eintretenden Entwicklungen lassen sich daher als vorbestimmt definieren. Damit sie jedoch vonstattengehen können, bedarf es der Unterstützung der Eltern. Dabei sprechen wir sowohl von physischen als auch psychologischen Vorgängen, die wir intuitiv einleiten, sobald wir Eltern werden. Wir füttern den Nachwuchs und kümmern uns allgemein um sein Wohlbefinden. Mit zunehmendem Alter nimmt die Entwicklung eines Kindes immer mehr Fahrt auf. Es entdeckt die Welt um sich herum, beginnt damit, die Umgebung zu erkunden, und macht erste wertvolle Erfahrungen. Noch sind dies alles Entwicklungsschritte, die das Kind gleichermaßen automatisch als auch unbewusst vollzieht. Sobald sich allerdings die ersten kognitiven Fähigkeiten bilden, nehmen Kinder unterschiedlichste Reize und Einflüsse wahr. Die dadurch gewonnenen Informationen werden mit zunehmendem Alter immer bewusster aufgefasst und verarbeitet. An diesem Punkt beginnt die eigentliche Arbeit der Eltern. Denn was viele Menschen nicht wissen ist, dass die Kognition von Kindern und alles, was sie somit bewusst wahrnehmen, einen direkten Einfluss auf ihre persönliche Entwicklung hat. Es lernt, was Werte und Regeln sowie gesellschaftliche Konventionen sind. Auch dieser Lerneffekt setzt automatisch ein. Aufgenommen werden dabei jedoch sämtliche Eindrücke, die ihre Umwelt ihnen vorlebt. Das bedeutet, dass sich das Kind schon in jungen Jahren an seiner Umwelt orientiert. Alle dadurch gewonnenen Informationen werden zunächst unreflektiert abgespeichert. Somit lässt sich festhalten, dass

Kinder dem direkten Einfluss ihrer Umwelt unterliegen. Parallel dazu sorgen sämtliche Informationen auch dafür, dass sich im Laufe der Zeit die Psychologie eines jeden Kindes herausbildet. Die Psychologie umfasst die Gesamtheit des menschlichen Erlebens sowie sein Verhalten. Da es sich hierbei um einen niemals endenden Prozess handelt, hört auch das Lernen und Verlernen niemals auf. Folglich kann festgehalten werden, dass eine jede Erfahrung und jeder äußere Einfluss die Psyche eines Kindes beeinflussen kann. In ihrer Entwicklung ist sie daher maßgeblich davon abhängig, welche Erfahrungen Kinder machen und was ihnen durch ihre Eltern und Mitmenschen vorgelebt wird. Da daraus resultierenden Fähigkeiten und Eigenschaften haben wiederum einen erheblichen Einfluss auf die Entwicklung moralischer Werte, von Sensorik und Motorik, Intelligenz und Emotionen sowie dem sozialen Verhalten. Wer sich intensiv mit der Entwicklungspsychologie auseinandersetzt, der wird dabei eine Vielzahl komplexer Verbindungen erkennen, die bei der Erziehung von Kindern hilfreich sind. Darüber hinaus werden auch Fehler deutlich, die bei der Erziehung vermieden werden sollen.

2. WAS IST DIE ENTWICKLUNGSPSYCHOLOGIE UND AUS WELCHEN TEILBEREICHEN SETZT SIE SICH ZUSAMMEN?

Bei der **Entwicklungspsychologie** handelt es sich um die Gesamtheit aller intraindividueller Veränderungen und Entwicklungen der Art und Weise, wie wir erleben und uns in unterschiedlichen Situationen verhalten. Der Begriff als solcher definiert dabei die vollständige Lebensspanne. Bezüglich der Entwicklung von Kindern beschreibt sie die Entwicklung ab der Geburt bis hin zum voll ausgeprägten Bewusstsein im späten Jugendalter. Das Ziel dieses Zweigs der Psychologie ist die Erfassung sowie die perspektivische Betrachtung sämtlicher Aspekte, die die entsprechende Entwicklung beeinflussen. Daraus resultiert die Möglichkeit, das Verständnis für das eigene Handeln und Denken, **kognitive sowie motorische Fähigkeiten** und **soziale Kompetenzen** herzustellen und bei Bedarf zu optimieren.

"Soziale Kompetenz wird seit langem in verschiedenen Forschungsfeldern untersucht und umfasst ein breites Spektrum an Fähigkeiten. Nach der Definition von Rüdiger Hinsch und Ulrich Pfingsten (zit. nach Kanning 2002) verhält sich eine Person sozial kompetent, wenn sie in der Lage ist, in Interaktionen mit anderen Menschen die eigenen Interessen erfolgreich zu verwirklichen. In dieser Definition steht die Durchsetzungsfähigkeit der Person im Vordergrund. Einen anderen Schwerpunkt setzen David DuBois und Robert Felner (zit. nach Kanning 2002). Aus ihrer Sicht ist ein Mensch sozial kompetent, wenn er es versteht, sich an die sozialen Bedingungen seiner Umwelt anzupassen. Diese Definition betont die Anpassung des Individuums an Normen und Werte des Umfeldes. Uwe Kanning (2002) bietet eine Definition an, die beide Aspekte berücksichtigt. Er beschreibt ein Verhalten als sozial kompetent, das versucht, einen Ausgleich der Interessen der beteiligten Parteien herzustellen. Im günstigsten Fall trägt sozial kompetentes Verhalten dazu bei, dass alle Beteiligten ihre Interessen in gleichem Maße verwirklichen können. In dieser Definition geht es darum, die Durchsetzung der eigenen Interessen mit der Anpassung an die soziale Umgebung zu vereinbaren. Beide Aspekte werden verbunden in der Bemühung, einen sozial verträglichen Ausgleich zu schaffen, der langfristige Beziehungen und Kooperation ermöglicht."[1]

[1] Pfeffer, Simone (2019): Sozial-emotionale Entwicklung fördern – Wie Kinder in der Gemeinschaft stark werden, Herder Verlag, Freiburg, S. 12

3. DARAUF BASIERT DIE ENTWICKLUNGSPSYCHOLOGIE

Hinter der Entwicklungspsychologie steht eine Vielzahl von Ansätzen, welche in Summe ein breit gefächertes Themengebiet ergeben. Um die Gesamtheit zu verstehen, bedarf es eines akribischen Blicks auf die einzelnen Themengebiete. Das erste wissenschaftlich anerkannte Konzept zur Beschreibung der Entwicklung von Kleinkindern geht auf den deutschen Psychologen Karl Bühler zurück. Dieser verfasste bereits im Jahr 1918 das traditionelle Phasenkonzept, auf welchem auch heutige Konzepte noch aufbauen. Über die Jahre wurde das ursprüngliche Konzept Bühlers daher Schritt für Schritt erweitert. Ziel des traditionellen Phasenkonzepts nach Bühler war es, die Entwicklung von Neugeborenen während der ersten Lebensmonate zu typologisieren. Demnach ist die erste Stufe der Entwicklung der sogenannte "Greifling", gefolgt von dem "Läufling" und dem "Schimpansenalter". Diese Phasen werden vom "Alter der Namensfragen", dem "Alter der Warumfragen", dem "Märchenalter" sowie der "Schulreife" gefolgt.[2] Auf Basis dieses Konzepts stellten andere Psychologen, so auch Charlotte Bühler, neue Konzepte auf, die bis in das Erwachsenenalter reichen. Das primäre Untersuchungsziel während dieser unterschiedlichen Phasen waren insbesondere Eigenschaften oder Fähigkeiten, die es vor oder nach einer jeweiligen Phase entweder gab oder nicht gab. Somit sollte der Sinn eines jeden Entwicklungsschritts aufgeklärt werden können.

[2] Montada, Leo; Lindenberger, Ulman; Schneider, Wolfgang (2012): Fragen, Konzepte, Perspektiven, S. 28. In: Entwicklungspsychologie, Schneider, Wolfgang; Lindenberger, Ulman (Hrsg.), Beltz Verlag, Weinheim Basel

Nun könnte man davon ausgehen, dass es sich bei der Entwicklungspsychologie um ein noch recht neues Gebiet der Psychologie handeln könnte. Tatsächlich liegen die Ursprünge aber weiter zurück, als die meisten Menschen glauben. Schon im vierten Jahrhundert vor Christus setzten sich die antiken Philosophen im alten Griechenland mit der Frage auseinander, wie die Veranlagung in Abhängigkeit zu äußeren Umweltfaktoren einen Einfluss auf die Entwicklung von Kindern nehmen kann. An vorderster Front sind hierbei die bekannten Philosophen Platon und Aristoteles zu nennen, die sich nachweislich etwaigen Fragen widmeten. Unterschiede gab es allerdings hinsichtlich ihrer Standpunkte. Platon war fest davon überzeugt, dass Kinder schon mit einem gewissen Grundwissen geboren werden, das im Laufe der ersten Lebensjahre aktiviert wird. Aristoteles hingegen vertrat die Meinung, dass sämtliches Wissen erst ab dem Punkt der Geburt Schritt für Schritt durch gemachte Erfahrungen gewonnen wird. Auch wenn sie sich nicht in allen Punkten einig waren, so gab es dennoch große Schnittmengen, was ihre Ansichten anging. Beide waren überzeugt davon, dass wichtige Werte und Normen genau wie Disziplin oder die Fähigkeit zur Selbstkontrolle anerzogen werden müssen und nicht ohne das Vermitteln von Wissen durch Erwachsene entstehen können. Würde eine entsprechende Erziehung fehlen, so bestünde die Gefahr, dass solche Kinder zu Rebellen oder Gesetzlosen heranreifen würden.

Überraschenderweise waren es auch in der Folge weitere Philosophen und nicht die Schulmedizin, die sich zunächst mit dem Thema der Entwicklungspsychologie befassten. Im 17. Jahrhundert gilt nach heutiger Ansicht der englische Philosoph John Locke als Vorreiter auf diesem Gebiet. In seiner Grundmeinung baute er dabei auf die Theorien des Aristoteles. Er formulierte die Fähigkeiten von Neugeborenen in etwa wie folgt: Neugeborene sind unbeschriebene Blätter, die gänzlich ohne Fähigkeiten oder soziale Kompetenzen geboren würde und während der ersten Lebensjahre ausschließlich durch den Einfluss ihrer Eltern und des Umfeldes geformt würden. Als oberstes Gut innerhalb der ersten Jahre beschrieb er die Vermittlung von Disziplin, damit sich Kinder zu gesellschaftsfähigen Individuen entwickeln können. Im 18. Jahrhundert stellte sich der französische Philosoph Jean-Jacques Rousseau gegen diese Theorie. Er vertrat die feste Überzeugung, dass alle notwendigen Grundbedingungen bei der Geburt bereits geschaffen sein. Seiner Auffassung nach sollten Kinder daher möglichst frei und ohne den Einfluss von Erwachsenen aufwachsen können. So sollte sichergestellt werden, dass sie ohne äußere Einflüsse ihrer natürlichen Entfaltung folgen können. Aus heutiger Sicht wissen wir, dass insbesondere die späteren Philosophen mit ihren Meinungen durchaus beide Recht hatten. Kinder sind sicherlich keine gänzlich unbeschriebenen Blätter, die zunächst ausgefüllt werden müssen. Vielmehr besitzen sie tatsächlich über eine Vielzahl an Grundfähigkeiten. Wie sich diese im Verlauf der ersten Lebensjahre ausprägen, ist jedoch stark von äußeren Einflüssen, insbesondere den der Eltern abhängig. Das Lernen sowie die Entwicklung stehen in einem direkten Zusammenspiel und sind letztlich ein Ergebnis, das durch Erfahrung mit der Umwelt erzielt wird. Kurz und knapp bedeutet dies nichts anderes, als dass ein jedes Kind in gewisser Weise grundlegend mit identischen Anlagen geboren wird. Inwiefern sich diese ausprägen, ist unter dem Strich stark davon abhängig, in welchem Umfeld sie aufwachsen, welche Werte und welches Wissen sie vermittelt bekommen und wie ihr Seelenleben dabei aussieht. Nur wenn all diese Faktoren vorhanden sind, kann das volle Entwicklungspotenzial eines Kindes ausgeschöpft werden.

3.1 Darum verläuft die Entwicklung von Mensch zu Mensch anders

Da unzählige Faktoren eine direkte Wirkung auf die Entwicklung eines Kindes haben, verläuft diese von Kind zu Kind auch unterschiedlich. Auch wenn schon die antiken Philosophen erste Theorien aufstellten, so ist der **Entwicklungsprozess** der menschlichen Psyche bis heute nicht restlos geklärt. Auch heute noch versuchen Mediziner und Wissenschaftler, Antworten auf die Frage zu finden, ob Intelligenz eine angeborene Fähigkeit ist, oder ob sich diese ausschließlich durch Einflüsse während der ersten Lebensjahre unterschiedlich ausprägt. Generell sind sie mittlerweile zu einer gewissen Einigkeit gekommen. So gehen sie heutzutage davon aus, dass die Wahrheit irgendwo inmitten der ganzen Theorien liegt. Die Entwicklung wird als ein komplexes Zusammenspiel aus mitgebrachten und vererbten Anlagen sowie Einflüssen der direkten Umwelt ab dem Moment der Geburt gesehen. Auf der einen Seite werden Kinder mit unterschiedlichen und vielfältigen Anlagen geboren, die auf die Genetik zurückzuführen sind. Auf der anderen Seite wächst ein jedes Kind jedoch in unterschiedlichen sozialen Umgebungen auf, wodurch sich Unterschiede hinsichtlich der äußeren Einflüsse während der Dauer der Entwicklung ergeben. Diese haben ebenfalls einen maßgeblichen Einfluss darauf, inwiefern sich die mitgebrachten Anlagen entwickeln können. Als ausschlaggebende Faktoren werden hierbei die soziale Umgebung, das Leben in der Familie und die Gesellschaftsschicht sowie die Kultur, in die sie hineingeboren werden, angesehen.

"Bereits im Alter von zwei Jahren beginnen wir, uns als eigenständiges Wesen zu begreifen. In den folgenden Jahren werden wir fähig, uns in die Emotionen, Gedanken und Handlungsweisen anderer Menschen einzufühlen und hineinzudenken. Dabei machen wir die Erfahrung: Jeder

Mensch hat seine individuellen Eigenschaften, Begabungen und Vorstellungen. Spätestens im frühen Schulalter fangen wir an, uns mit anderen Menschen zu vergleichen, und bleiben ein Leben lang bei diesem Verhalten. Als Erwachsene messen wir uns mit unseren Mitmenschen, etwa bezüglich Aussehen, beruflicher und sozialer Stellung oder Leistung und Einkommen. Wir freuen uns an unseren Stärken und leiden an unseren Schwächen. Wir fragen uns, wie wir von den anderen Menschen wahrgenommen werden. Und wir werden immer wieder aufs Neue auf uns selbst zurückgeworfen: Was müssen wir an uns als »gegeben« akzeptieren, und was können wir verändern, wenn wir uns noch etwas mehr anstrengen? Mit den Jahren müssen wir dann einsehen: Es gibt keinen Königsweg, der uns aufzuzeigen vermag, wie wir das Leben am besten bewältigen können, obwohl uns unzählige Ratgeber genau das vollmundig versprechen. So kann auch dieses Buch keinen »Königsweg« anbieten. Es versucht vielmehr, die Individualität des Menschen und sein vielfältiges Bemühen, in dieser Welt zu bestehen, dem Leser und der Leserin näherzubringen. Denn wir tun uns immer noch schwer mit der Individualität. Wir denken und handeln, als ob wir alle gleich wären, alle die gleichen Bedürfnisse hätten und alle das Gleiche leisten könnten. Dem ist aber ganz und gar nicht so. Sein Wesen in Übereinstimmung mit der Umwelt zu leben, dafür gibt es keine allgemeingültigen Regeln."[3]

Die genetische Grundausstattung, mit der ein Kind das Licht der Welt erblickt, steht in vielerlei Hinsicht in einem direkten Zusammenhang mit der genetischen Struktur, die auch ihre Eltern bei der Geburt hatten. Viele Verhaltensweisen werden daher simpel formuliert zunächst einmal vererbt. Als Beispiel lässt sich hierfür das Temperament anführen. Wissenschaftliche Untersuchungen haben deutlich gezeigt, dass Eltern mit wenig Ruhe und Gelassenheit diese Eigenschaften in den meisten Fällen auch auf das Kind übertragen. Zweifelsfrei geklärt ist dabei jedoch nicht, ob

[3] Largo, Remo, H. (2019): Das passende Leben – Was unsere Individualität ausmacht und wie wir sie leben können, Zeitverlag Gerd Bucerius, Hamburg, S. 12

diese Eigenschaften von Geburt an vorhanden, also vererbt sind, oder ob sie erst aufgrund des Verhaltens der Eltern im Laufe der Entwicklung des Kindes übertragen werden. Auffällig bei der Entwicklung ist zudem ein weiterer Aspekt. Mit zunehmendem Alter sind Kinder durchaus in der Lage, sich selbstständig in ein Umfeld einzugliedern, dass ihren eigenen Veranlagungen entspricht. Dabei handelt es sich jedoch nicht um eine bewusste, sondern vielmehr um eine unterbewusste Entscheidung. Aus diesem Grund geht die Forschung davon aus, dass es sich in diesem Punkt um vererbte Eigenschaften handeln muss, die bestenfalls gefördert, aber nicht angelernt sein können. Als Beispiel lässt sich hierfür die **Motorik** anführen. Kinder haben noch gar kein Verständnis von der Motorik, also von der Fähigkeit, wie wir unseren Körper einsetzen und nutzen. Und dennoch neigen motorisch begabte Kinder deutlich öfter dazu, sich Sportarten zu widmen. Die angeborene Begabung der Motorik wird dadurch unbewusst in eine Richtung gelenkt, in der sie sich weiter entwickeln kann. Andererseits gibt es Kinder, die aufgrund ihrer Veranlagung sowie den vermittelten Werten durch die Eltern eher schüchtern und introvertiert sind. Selbst bei einer sehr ausgeprägten Motorik scheuen sie sich dann eher davor, mit anderen Kindern zu spielen oder Sport zu treiben. Problematisch wird dies, wenn dieser Zustand nicht aktiv geändert wird. Auf Dauer führt dies dazu, dass die Möglichkeiten, **soziale Kontakte** zu knüpfen, immer weniger werden. Folglich ist auch die Entwicklung dahingehend gehemmt und die Fertigkeiten sozialer Komponenten werden eingedämmt. Darüber hinaus gibt es die Art von Kindern, die intellektuell begabt sind. Sie interessieren sich primär weder für sportliche Aktivitäten noch für das Zusammensein mit Gleichaltrigen. Vielmehr steht der Wissensdurst im Vordergrund, der beispielsweise durch das Lesen von Büchern gestillt wird. Auf diese Weise werden die kognitiven Fähigkeiten, also die Fähigkeiten, Wissen aufzunehmen und zu verarbeiten, deutlich verbessert.

Betrachten wir nun diese unterschiedlichen Arten der Entwicklung, so wird eines sehr deutlich. Gewisse Anlagen sind zweifelsfrei ab frühester Kindheit vorhanden und werden instinktiv ausgeprägt. Um in der Gesellschaft möglichst umfangreich agieren zu können und ein wichtiger Bestandteil eben jener gesellschaftlichen Struktur werden zu können, reicht eine Bevorzugung einzelner Entwicklungsrichtungen nicht aus. Wer sich nur mit Sport beschäftigt, der vernachlässigt oft die kognitive Entwicklung. Wer sich nur mit **kognitiven Fähigkeiten** beschäftigt, der verpasst die Möglichkeit, sich motorisch zu entwickeln. Und wer sich innerlich verschließt, dem fällt es schwer, soziale Kontakte zu knüpfen. Für uns als Erwachsene ist dies recht deutlich und vor allem nachvollziehbar. Kinder hingegen haben diese Perspektive nicht. In Summe wird daher eines deutlich: Ohne das Zutun der Eltern werden sich Kinder definitiv in irgendeiner Form entwickeln. Um jedoch bestmöglich auf das spätere Leben vorbereitet werden zu können, ist es unerlässlich, dass sich die Eltern der Kinder annehmen und hin und wieder in die richtige Richtung schubsen. Nur so kann sichergestellt werden, dass die Entwicklung unterschiedlicher Fähigkeiten und Fertigkeiten gleichermaßen vorangetrieben wird.

3.2 Die Kindheit basiert auf unterschiedlichen Entwicklungsstufen und Entwicklungsaufgaben

Dass sich die Wissenschaft bereits seit so langer Zeit mit dem Thema der Entwicklungspsychologie befasst, hat deutliche Spuren in unserem Verständnis dafür hinterlassen. Mit Beginn des 20. Jahrhunderts wurden die ersten ausführlichen Theorien zur menschlichen Entwicklung in Kindes- und Jugendalter aufgestellt, die größtenteils auch heute noch Gültigkeit besitzen. Ausschlaggebend für das gewachsene Wissen in diesem Bereich war die Errichtung diverser Lehrstühle, die eigens zur Erforschung der

Kindheit an vielen Universitäten in ganz Europa vorgesehen waren. Damit wurde ein Zeitalter eingeläutet, welches bis heute anhält, und sich dabei intensiv und systematisch der Erforschung dieses Gebietes widmet. Sigmund Freud gehörte zu den ersten und wichtigsten Vertretern, die weitläufige und umfangreiche Arbeiten verfassten. Ursprünglich war dies jedoch gar nicht seine Absicht. Als Psychotherapeut traf er immer wieder auch Menschen mit psychischen Störungen, die er behandelte. Dabei kam er zu der festen Überzeugung, dass ein Großteil etwaiger Probleme auf die Kindheit sowie die geistige und soziale Entwicklung in diesem Zeitraum zurückzuführen ist. Auf Basis dieser Erkenntnis schuf er eine erste Theorie zur Entwicklung der Kindheit, welche seiner Ansicht nach auf mehreren Stufen abläuft. Laut Freud durchlebt ein jedes Kind in jeder einzelnen Phase unterschiedliche Konflikte. Die Lösungen oder die eben nicht gefundenen Lösungen für etwaige Konflikte sind essenziell für die psychische Gesundheit des Kindes im Erwachsenenalter.

Als **ersten Schritt** seiner Entwicklungsstufentheorie benennt Freud die sogenannte **orale Phase**. Hierbei lernt das Kind nach und nach, das Saugbedürfnis abzulegen und seine Nahrungsaufnahme unterbewusst zu verändern. Gesteuert oder beeinflusst wird diese Phase selbstverständlich durch die Mutter. Während einige länger stillen, bevorzugen es andere Mütter das Stillen frühzeitig einzustellen und die Ernährung des Kindes bereits umzustellen. Bereits dieser Zeitpunkt kann die Fixierung des Kindes auf die Mutterfigur maßgeblich beeinflussen. Die orale Phase wird von der sogenannten **analen Phase** gefolgt. Während dieser Zeit wird dem Kind beigebracht, dass Sauberkeit ein wichtiger Faktor ist. Grundlegende Hygieneregeln werden dabei durch die Eltern an das Kind vermittelt. Es wird unter anderem bewusst an die Benutzung von Toiletten oder Waschbecken herangeführt. Auf diese Weise lernt es, dass Hygiene wichtig ist, auch wenn das eigentliche Bewusstsein dafür noch gar nicht vorhanden ist. Die Grundschulzeit hingegen wird von Freud als latent beschrieben. Laut ihm handelt es sich um einen Zeitraum, während dem keinerlei entscheidende Konflikte auftreten, die es zu lösen gilt. Für das Sozialverhalten ist diese Zeit dennoch von enormer Bedeutung, da Kinder nun erstmals ganz bewusst an Regeln, Normen und Werte herangeführt werden. Sie lernen, was eine Schulstunde bedeutet und wie man sich während der Unterrichtszeit zu verhalten hat. Zudem wird ihnen erstmals anhand von Belohnungen in Form von Bewertungen durch Noten vermittelt, dass Leistungen positiv sowie negativ bewertet werden können. Zudem suchen sie sich nun eigenständig Freunde, Spielkameraden und Aktivitäten, da das Bewusstsein nun so weit entwickelt ist, dass sie eigene Präferenzen, sprich Vorzüge oder Leidenschaften, erkennen und sich daran orientieren können.

Freuds Ansätze zur stufenhaften Entwicklung von Kindern wurden auch von seinen späteren Schülern weiterentwickelt. So entwickelte Erik H. Erikson, seines Zeichens Schüler von Freud, eine Theorie zur psychosozialen Entwicklung von Kindern. Dieses Modell baute grundlegend auf den von Freund festgelegten Entwicklungsstufen auf. Im Kern dieses Modells stand die Zuordnung spezifischer Entwicklungsaufgaben für eine jeweilige Entwicklungsstufe. Die erste Aufgabe war das Erlangen des **Urvertrauens**. Dabei handelt es sich um ein natürliches Vertrauen, das durch die Beziehung zwischen Mutter und Kind während der ersten Lebensmonate entsteht. Die Grundlage des Urvertrauens bilden Erkenntnisse, die das Kind an diesem Punkt seiner Entwicklung unterbewusst aufnimmt und verwertet. Das Urvertrauen kann nur dann erschaffen werden, wenn die Eltern, respektive die Mutter, eine enge Beziehung zu ihrem Kind schaffen, wodurch es Vertrauen gewinnt. Es fühlt sich geliebt und behütet.

"Die soziale Bezugsperson ist die Mutter, die durch das Reichen der Brust dem Kind nicht nur seine elementaren Grundbedürfnisse, wie Essen und Trinken stillt, sondern ihm somit auch eine orale Befriedigung verschafft. Sie übernimmt die Funktion des Versorgers, auf den sich das Kind verlassen kann. Das Vertrauen erschöpft sich aber nicht nur in der Person der Mutter, sondern es bezieht sich, so Erikson, auch auf den Säugling selbst. "Unter ´´Vertrauen´´ verstehe ich sowohl ein wesenhaftes Zutrauen zu anderen als auch ein fundamentales Gefühl der eigenen Vertrauenswürdigkeit". "Hier bildet sich die Grundlage des Identitätsgefühls, das später zu dem komplexen Gefühl wird, ´´in Ordnung zu sein´´, man selbst zu sein ..." [...] Diese Krise scheint im zeitlichen Zusammentreffen von drei Entwicklungen zu bestehen: zum einen aus einer physiologischen, nämlich der, dass der Säugling das steigende Bedürfnis verspürt, sich Dinge einzuverleiben, anzueignen und zu beobachten, zum anderen aus einer psychologischen, nämlich der wachsenden Bewusstwerdung, ein Individuum zu sein. Die dritte Entwicklung ist eine umweltbedingte Entwicklung, indem sich nämlich die Mutter scheinbar von dem Kind abwendet und sich anderen Beschäftigungen zuwendet. Dieses Abwenden kann das Kind möglicherweise als Entzug der Mutterliebe verstehen. [...] Die positiven Erfahrungen, wie Geborgenheit, Wärme, Zuverlässigkeit, Aufmerksamkeit und Zuwendung, sollten den negativen Erfahrungen und Frustrationen, wie auf Bedürfnisbefriedigung warten zu müssen, Enttäuschung, Einsamkeit, Missachtung oder physischer Schmerz, überwiegen."[4]

Im nächsten Entwicklungsschritt beginnt das Kind damit, erstmals **autonom** zu handeln und initiativ zu agieren. So formuliert klingt das zunächst nach viel mehr Wissenschaft, als es tatsächlich der Fall ist. Auch Du kennst unzählige Beispiele für eine etwaige Entwicklung und hast sie

[4] Scheck, Stephanie (2014): Das Stufenmodell von Erik H. Erikson, Bachelor + Master Publishing, Hamburg, S. 4 f.

sicherlich schon einmal aus nächster Nähe erlebt. Zu diesem Schritt gehört unter anderem die Fähigkeit, sich selbstständig auf Ziele zuzubewegen, um einen Hintergedanken zu verfolgen. Das einfachste und wohl bekannteste Beispiel hierfür sind kleine Kinder, die mit dem Krabbeln beginnen. Das Krabbeln selbst ist nämlich nicht zwangsläufig dem Drang geschuldet, sich zu bewegen. Vielmehr ist es Mittel zum Zweck. Das Kind sieht beispielsweise einen Gegenstand, der sein Interesse weckt. Um es näher betrachten und Erfahrungen sammeln zu können, muss es sich diesem Gegenstand nähern. Intuitiv nutzt es daher die Möglichkeiten, die sich ihm bieten. Da es noch nicht in der Lage ist, aufrecht zu laufen, wird das Ziel fest ins Auge genommen und in seine Richtung gekrabbelt. Dabei ist das Kind allerdings noch nicht in der Lage, räumlich zu denken und Positionen als Ganzes einzuordnen. Es besitzt lediglich die Fähigkeit, sich einen zentralen Fixpunkt zu suchen und diesen gezielt anzuvisieren und anzusteuern.

"Das dritte und das vierte Stadium oder die zweite Periode (etwa siebter bis elfter Monat) der sensomotorischen Stufe ist durch die Koordinierung von Sehen und Greifen charakterisiert. Die Raumwahrnehmung wird durch die verbesserte Koordination der Handlungen bzw. der verschiedenen praktischen Räume zunehmend systematisiert und führt zu einer beginnenden Permanenz der Gegenstände. Der unmittelbare Wahrnehmungsraum wird so allmählich überschritten zu einem einfachen System reversibler Gruppen: So ist das Kind zum Beispiel fähig, visuellen Raum und Greifraum zu koordinieren, indem es für verlagerte Objekte wiedererkennbare Pfade beschreibt, also eine aktive einfache Suche nach dem verschwundenen Objekt betreibt, jedoch auf reversible Gruppen beschränkt. Die Suche betrifft also ‚noch nicht die freien Bewegungen der bewegten Gegenstände noch den eigenen Körper, aufgefasst als ein Objekt'[5]. Anders betrachtet wird der Raum in dieser Periode erstmals unterschieden in Positionsänderungen, das heißt durch Bewegung des Körpers ausgleichbare Lageveränderungen und Zustandsänderungen, das heißt durch die Bewegung des Körpers nicht umkehrbare Veränderungen. Allerdings werden die räumlichen Relationen von Position und Verlagerung noch nicht relativ zueinander, sondern einzig mit Bezug auf das Subjekt erfasst."[6]

Die Grundschulzeit definiert Erikson ähnlich wie Freud. Laut seiner Auffassung ist dies ein längerer Zeitraum, während dem sich Kinder insbesondere Wissen aneignen und erste Kulturtechniken erlernen. Zudem wird ihnen verdeutlicht, dass positive Leistungen Anerkennung nach sich ziehen, während negative Leistung mit negativen Rückmeldungen einhergehen. Neben Erikson baut auch der amerikanische Psychologe Lawrence Kohlberg seine Theorie zur Entwicklungspsychologie bei Kindern und Jugendlichen auf dem Fundament Freuds auf. Kohlberg beschäftigt sich dabei jedoch insbesondere mit der Entwicklung von Moral und Werten. So orientieren sich Kinder in jungen Jahren primär an ihren Eltern, wenn es darum geht, moralische Werte aufzugreifen und sie zu verstehen. Den Unterschied zwischen Gut und Böse können sie selbst noch nicht ausmachen. Doch lernen sie durch das vorgelebte Handeln ihrer Eltern, was richtig und was falsch ist. An diesem Punkt wird deutlich, warum dieses frühe Entwicklungsstadium so wichtig ist – besonders mit Blick auf das elterliche Handeln. Ob etwas richtig oder falsch ist, wird von den Eltern adaptiert. Ob es sich dabei tatsächlich um richtige oder falsche Aktionen beziehungsweise Reaktionen handelt, können sie jedoch nicht definieren.

---

[5] Piaget, Jean (1975), S. 275 zitiert nach Burghardt, Daniel (2014): Homo spatialis – Eine pädagogische Anthropologie des Raums, Beltz Verlag, Weinheim Basel, S. 33

[6] Burghardt. Daniel (2014): Homo spatialis – Eine pädagogische Anthropologie des Raums, Beltz Verlag, Weinheim Basel, S. 33

Für Dich bedeutet das, dass Dein Kind sich während der ersten Jahre an Deinem Handeln orientiert. Agierst Du also entgegen der üblichen sozialen Wertevorstellung, so handelst Du falsch. Für das Kind jedoch, welches sich an Dir orientiert, wird ein richtiges Handeln suggeriert. Entsprechend ist es Deine Aufgabe, dem Nachwuchs richtiges Handeln vorzuleben. Andernfalls besteht die Gefahr, dass es Situationen im späteren Leben falsch angeht, da diese Handlungsweise schlichtweg adaptiert wurde, ohne dass sie zugeordnet werden konnte.

Die **zweite Stufe** besteht nach Kohlberg daraus, dass Kinder erstmals damit beginnen, im eigenen Interesse zu handeln. Diese Fähigkeit wird auch als **prosoziales Verhalten** bezeichnet und definiert die Fähigkeit, eine Aktion durchzuführen, um eine Gegenleistung erwarten zu können. Während der dritten Stufe erlangen Kinder laut Kohlberg erstmals ein Verständnis für soziale Regeln, die innerhalb einer Gruppe vonnöten sind. Hierzu gehört unter anderem die Fähigkeit, sich durch bewusstes und gutes Handeln in eine Gruppe integrieren zu können, die Gefühle anderer Menschen auf- und wahrnehmen zu können sowie die Fähigkeit, Beziehungen bewusst einzugehen und diese auch pflegen zu können. Auch Eigenschaften wie Respekt und Dankbarkeit prägen sich während dieser Phase der psychologischen Entwicklung zunehmend aus. All diese Stufen können nach Kohlberg in Abhängigkeit zur individuellen Entwicklung des Kindes unterschiedlich schnell ablaufen und in unterschiedlichen Altersbereichen erreicht werden. Die vierte Stufe hingegen wird frühestens mit elf Jahren erreicht. Dieser Punkt der psychologischen Entwicklung von Kindern beschreibt die Phase, in welcher eine gesellschaftliche Perspektive gewonnen wird. Sozial anerkannte Regeln, Gesetze und Normen werden nun nicht mehr nur anerkannt, sondern auch verstanden und berücksichtigt.

3.3 Die Entwicklungstheorie nach Piaget

Freud, Erikson und Kohlberg haben im Verlauf ihrer Arbeiten und Studien wertvolle Beiträge zum Verständnis der Entwicklungspsychologie bei Kindern und Jugendlichen geschaffen. Die heute gängigste und einflussreichste Arbeit zur Entwicklungstheorie geht jedoch auf den Schweizer Biologen und Psychologen Jean Piaget zurück. Er gilt heutzutage als Urvater der Theorie zur kognitiven Entwicklung von Kindern. Interessant ist vor allem der Blickwinkel, aus dem er Kinder und Jugendliche betrachtete. Für ihn waren sie kleine Wissenschaftler, welche sich ihr Wissen eigenständig aneignen, indem sie sich regelmäßig und vor allem aktiv mit ihrer Umwelt auseinandersetzen und auf diese Weise ihren Wissens- und Erfahrungsschatz maßgeblich selbst erweitern. Dabei wird sämtliches angeeignetes Wissen in unterschiedliche Schemata unterteilt und abgespeichert. Diese Schemata basieren auf vielfältigen Strukturen, die beispielsweise über ausgiebige Informationen über Gegenstände, Dinge oder gar Ereignisse verfügen. Diese erlernten und gespeicherten Schemata können mit voranschreitendem Alter ganz bewusst auf andere Dinge oder Ereignisse übertragen werden. In der Fachsprache wird dieser Vorgang als **Assimilation** bezeichnet. Ein solches Schema inklusive der möglichen Assimilation klingt im ersten Moment sehr kompliziert, tatsächlich handelt es sich dabei jedoch nur um eine Ansammlung von Informationen, wie wir sie aus unserem Alltag in unglaublich vielfältiger Hinsicht kennen. Stellen wir uns gemeinsam kurz eine Banane vor. Welcher Informationen besitzt Du über diese Banane, ohne dass Du sie anfassen oder essen musst? Du weißt aufgrund Deiner Erfahrungen, dass sie gelb oder grün sind, welche Konsistenz sie besitzen, dass Du sie zunächst schälen solltest, um sie essen zu können und selbstverständlich auch, wie sie schmeckt. All diese Informationen sind in Deinem Gehirn abgespeichert.

Möglich gemacht wird dies durch den Umstand, dass wir etwaige Informationen bereits in jungen Jahren aufnehmen, zuordnen und abspeichern können. Je jünger ein Kind ist und je weniger Erfahrung es mit einer Situation oder einem Ding gemacht hat, desto anfälliger ist es noch für fehlerhafte Informationen. Nach und nach werden diese Fehler allerdings durch neue Erfahrungen behoben und durch korrekte Informationen ersetzt. Somit setzt sich mit zunehmender Erfahrung ein jeweiliges Schema Stück für Stück zusammen, bis die Informationen vollständig sind. Die Ergänzung fehlerhafter Informationen durch neue Erfahrungen wird auch **Akkommodation** genannt.

Um zu verstehen, wie die Akkommodation vonstattengeht, nutzen wir ein weiteres Beispiel: Schon früh kommen Kindern wie im Fall der Banane mit Obst in Kontakt. Sie lernen, wie es sich anfühlt, wie es riecht und schmeckt. Ein Apfel beispielsweise ist rund und kann vielfältige Farben haben. So gibt es auch gelbliche Äpfel. Etwaige Äpfel ähneln aus dem Blickwinkel von Kleinkindern unter anderem Tennisbällen. Nimmt ein Kind, das bereits erste Informationen über Äpfel verarbeitet und abgespeichert hat, einen Tennisball in die Hand, so lässt sich dabei wunderbar erkennen, wie bereits in jungen Jahren mit neuen Informationen gearbeitet wird und dies mithilfe von Assimilationen gemacht werden kann. Der Tennisball ähnelt in Größe, Farbe und sogar in Gewicht sehr stark dem Apfel. Da zum Tennisball jedoch sämtliche Informationen fehlen, wird das Kind den Ball in vielen Fällen mit einem Apfel verwechseln und versuchen hineinzubeißen. Genau in diesem Moment wird es zahlreiche neue Erfahrungen machen. Es ist nicht möglich, ein Stück herauszubeißen. Auch fühlt sich die Oberfläche ganz anders an und die Farbe wirkt weniger natürlich. Zudem gibt der Ball einen ganz anderen Geruch ab. Obwohl sich Ball und Apfel vor wenigen Sekunden auf den ersten Blick kaum unterschieden haben, hat das Kind binnen weniger Sekunden gleich mehrere signifikante Unterschiede, sprich Informationen, erhalten, die es nun zu- und einordnen kann. Aufgrund dieser einen Erfahrung, die in einer solch kurzen Zeitspanne stattgefunden hat, kann eine Differenzierung zwischen Apfel und Tennisball vorgenommen werden. Während es sich zu Beginn des Vorgangs, als der Ball für einen Apfel gehalten wurde, noch um eine Assimilation handelte, ist die gemachte Erfahrung beim Anfassen und Hineinbeißen eine Akkommodation. Die neuen Erfahrungen werden also sortiert und in einem neuen Schema angelegt. Das Kind weiß nun, dass der Tennisball kein Apfel ist. Genau betrachtet weiß es zu diesem Zeitpunkt allerdings auch noch nicht, dass es ein Tennisball ist. Diese Akkommodation wird erst später erfolgen.

"Piaget unterscheidet variable Strukturen und invariante Funktionen in der Entwicklung des Denkens. Die Strukturen bestehen aus Schemata, die Ergebnis aktiver Handlung der kompetenten Weltaneignung bzw. Umweltanpassung sind. Die nach den Gesetzmäßigkeiten von vier Stadien sich verändernden Strukturen bestimmen wiederum die Inhalte der Wahrnehmung und Vorstellung der Umwelt. Die Strukturen enthalten also regelhafte Beziehungen zu den Inhalten des Denkens und bilden die Veränderungen des Denkens anhand der vier Entwicklungsstadien oder Stufen, der sensomotorischen Intelligenz, des präoperativen Denkens, der konkretoperativen Logik und der formal-operativen Intelligenz, ab. Die Funktionen beschreiben den Vorgang der Anpassung der Strukturen bzw. der Schemata an die Umwelt. Diese Anpassung ist, wie der Begriff vielleicht nahelegen könnte, kein passiver Vorgang der Einstellung des Organismus auf die Umwelt, sondern eine aktive Kompromissbildung zwischen Vorhandenem und Neuem.[7] Piaget verwendet dafür die biologischen Termini Assimilation und Akkommodation. Assimilation bezeich-

[7] Arbinger, Roland (2001): Entwicklung des Denkens

net die integrierende Aufnahme von Objekten bzw. Einflüssen der Umwelt unter Verwendung der bereits vorhandenen Strukturen bzw. Schemata, wie beispielsweise die Übertragung des Saugens an der Brust auf den Daumen. Da jedoch ständig neue Umwelteinflüsse und Umweltanforderungen auf den Organismus einströmen, verändern, erweitern, differenzieren und koordinieren sich auch die Strukturen bzw. Schemata selbst akkommodativ. Nimmt der Säugling statt des Daumens einen Löffel in den Mund, so stellt das eine Akkommodation des Saugschemas an die Umweltobjekte dar. Der Akkommodationsbegriff bedeutet folglich das Lernen von Neuem, wohingegen der Assimilationsbegriff einen Transfer- und Trainingsaspekt enthält."[8]

Aufgrund der Vielzahl an Informationen, die eine solche Erfahrung wie im Fall des Tennisballs mit sich bringt, beschreibt Piaget die Entwicklung von Kindern nicht als dauerhaft voranschreitenden Prozess. Das Beispiel der Assimilation, bei der Informationen über Äpfel fälschlicherweise auf den Tennisball übertragen werden, zeigt deutlich, dass das Kind innerhalb eines sehr kleinen Zeitraumes mehrere neue Informationen sammelt und diese einordnet. Nach dieser neuen Erfahrung kann jedoch ein gewisser Zeitraum vergehen, bevor eine weitere Erfahrung inklusiver neuer Informationen gemacht wird. Aus diesem Grund ist der Entwicklungsprozess bei Kindern laut Piaget als sprunghaft und nicht kontinuierlich zu bewerten. Eine Art des dauerhaften Lernens gibt es so gesehen also nicht. Doch was genau bedeutet dies für Eltern?

Vielleicht mag die Ausführung zum Erlernen neuer Informationen für Dich bislang nicht allzu bedeutsam wirken. Mit einem genauen Blick darauf wird allerdings deutlich, welche Funktion und Rolle Eltern bei der

---

[8] Burghardt. Daniel (2014): Homo spatialis – Eine pädagogische Anthropologie des Raums, Beltz Verlag, Weinheim Basel, S. 23 f.

vgl. Kohler (2008), S. 74 ff. zitiert nach Burghard (2014)

psychologischen Entwicklung ihres Nachwuchses beitragen können. Je mehr ein Kind darauf angewiesen ist, selbst Informationen zu erlangen, desto weniger wird es, vergleichsweise betrachtet, an etwaige Informationen kommen. Wird es jedoch regelmäßig mit neuen Informationen seitens der Eltern versorgt, so können mehr Informationen aufgenommen und in Schemata abgelegt werden. Als Elternteil kannst Du daher viel zur Entwicklung Deines Kindes beitragen, indem Du es beispielsweise frühzeitig an unterschiedliche Obst- und Gemüsesorten heranführst. Somit macht es entsprechende Erfahrungen schon in jungen Jahren und kann diese im weiteren Entwicklungsverlauf mit neuen Dingen oder Ereignissen abgleichen. Durch genau diesen Abgleich werden erneut neue Erfahrungen gemacht, da an dieser Stelle erneut die Akkommodation in den Vordergrund tritt.

Im nächsten Stadium der Entwicklung nach Piaget erreichen Kinder das sogenannte **präoperative Stadium**. Langsam bilden sich erste Fähigkeiten aus, symbolische Repräsentationen auf andere Dinge zu übertragen. Dies wird besonders beim Spielen sichtbar. Symbolische Repräsentationen können zur besseren Veranschaulichung auch als die Fähigkeit der Imagination in Form von räumlicher Fantasie angesehen werden. Als anschauliches Beispiel hierfür dienen Spiele, denen Kinder ab etwa zwei Jahren selbstständig nachgehen können. Um diese Spiele umsetzen zu können, bedienen sie sich einerseits bereits gemachter Erfahrungen und Eindrücke, während sie diese zeitgleich auf andere Gegenstände oder räumliche Strukturen übertragen können. So haben Kinder im Alter von zwei bis drei Jahren auf vielfältige Weise schon mal ein Ruderboot gesehen – ob im Fernsehen oder dem nächstgelegenen Fluss. Sie orientieren sich grob an den dabei gemachten Erfahrungen und wissen etwa, wie ein solches Boot auszusehen hat. Beim Spielen adaptieren sie diese Erfahrungen einfach und nutzen andere Gegenstände, die in ihrer Vorstellung als Boot dienen können. So werden aus Pappkarton und Besenstiel ganz schnell ein Boot mit Paddel. Bemerkenswert ist hierbei, dass diese Vorstellungen meist mühelos adaptiert werden können, obwohl das Denken in diesem Stadium noch als anschauungsgebunden bezeichnet wird. Das heißt, dass alle Informationen ausschließlich auf der eigenen Perspektive beruhen. Sie wissen, welche Form ein Boot in etwa hat und dass es auf dem Wasser schwimmen kann. Was dafür sorgt oder was dafür nötig ist, ist ihnen hingegen noch nicht bekannt. Sie reflektieren lediglich Informationen, die sie aus ihrer Perspektive bereits wahrgenommen haben.

Dass die Wahrnehmung in diesem Alter eingeschränkt ist, lässt sich anhand des **sogenannten Umschüttungsversuches** nachweisen. Dabei werden zunächst zwei Gläser platziert. Das eine Glas ist eher flach und dafür breit, während das andere Glas schlank und dafür sehr hoch ist. Nun wird eine Flüssigkeit oder ein Getränk in das flache Glas gegossen. Das Kind erkennt an dieser Stelle mühelos, dass die Flüssigkeit von einem Gefäß in das Glas übergegangen ist. Erstaunlich wird es jedoch, wenn die Flüssigkeit nun von dem flachen in das hohe Glas gegossen wird. Es wird nun denken, dass auf wundersame Weise mehr Wasser in dem zweiten Glas ist, da der Wasserstand höher ist. Darauf lässt sich ableiten, dass sie Beobachtungen in diesem Entwicklungsstadium zwar machen, aber nicht miteinander kombinieren können. Sie betrachten ausschließlich die Einfüllhöhe, können zeitgleich jedoch keinen Zusammenhang zur Breite der Gefäße herstellen. Etwaiges **Kombinationsvermögen** setzt bei den meisten Kindern **erst im Alter von etwa sechs Jahren** ein. In diesem Stadium sind sie nunmehr in der Lage, mehrere Vorgänge während ein und derselben Situation wahrzunehmen und einen Zusammenhang zwischen ihnen herzustellen. Dieses Stadium leitet auch den Bereich der Entwicklung ein, indem logische Zusammenhänge geknüpft werden. Sie bemerken nun, dass Aktionen Reaktionen hervorrufen. Der Einsatz von logischem Denken in hypothetischen Situationen ist hingegen noch immer nicht möglich. Zwar können sie nun unterschiedliche Aspekte gleichzeitig betrachten und die Zusammenhänge erkennen, doch sind sie noch nicht in der Lage, etwaige Zusammenhänge und Konsequenzen oder Resultate mit bloßem Vorstellungsvermögen herzustellen.

Bis hier hin haben wir die gesamten Phasen und Stufen der psychologischen Entwicklung von Kindern und Jugendlichen bezüglich ihrer Fähigkeiten analysiert. Dabei wird deutlich, dass sich die Stufen auf signifikante Art und Weise voneinander unterscheiden. Für Eltern kann dieses Wissen einen hohen Wert haben. Viele Eltern versuchen, ihre Kinder zu erziehen beziehungsweise ihre Entwicklung zu fördern, indem sie ihnen bestimmte Aufgaben stellen. Hat das Kind die entsprechende Stufe noch nicht erreicht, kann es die Aufgabe daher auch nicht lösen. Nur wer sich dieser Entwicklungsstufen bewusst ist, kann der jeweiligen Stufe entsprechende Aufgaben auswählen. Alle anderen Bemühungen verpuffen meist erfolglos. Darüber hinaus besteht das Risiko, dass zu komplexe Aufgaben das **Selbstwertgefühl** und damit auch das **Selbstkonzept** des Kindes negativ beeinflussen. Daher solltest Du stets die Entwicklung Deines Kindes beobachten und versuchen festzustellen, in welchem Stadium seiner Entwicklung es sich befindet. Es spricht nichts dagegen, dem eigenen Kind bei der Entwicklung und Förderung unterschiedlichster Eigenschaften und Fähigkeiten unter die Arme zu greifen. Doch sollten entsprechende Aufgaben auch immer im Rahmen des Möglichen liegen.
Des Weiteren kannst Du Dir das Wissen bezüglich der Entwicklungsstadien gezielt zunutze machen, um beim Erlernen neuer Fähigkeiten behilflich zu sein. Angelehnt an die Lehren von Freud oder Piaget, kann etwaiges Wissen die Grundlage dafür sein. Unbewusstes sowie unerwünschtes Fehlverhalten darf ruhig auch konditioniert werden. Schließlich lernen Kinder in ihrer frühesten Entwicklung am ehesten von den Eltern, was richtig und was falsch ist. Dabei gilt jedoch zu beachten, dass negative Kritik allein nicht zielführend ist. Zeige Deinem Kind daher auch bei Fehlverhalten oder Fehlern, dass es gewisse Dinge gut gemacht hat, bevor Du es auf die Fehler hinweist. Zudem empfiehlt es sich auch, Alternativen

und Lösungsansätze zu unterbreiten, die beim nächsten Versuch ausprobiert werden können. Auf der anderen Seite dürfen gute Leistungen und Entwicklungsfortschritte selbstverständlich auch belohnt und gewürdigt werden.

3.4 Sensomotorische Fähigkeiten als Grundlage der Entwicklung

Der Begriff **Sensomotorik** setzt sich aus zwei unterschiedlichen Wörtern zusammen. Während **Senso "Sinn"** bedeutet, steht die **Motorik für "Beweger".** Sensorische Fähigkeiten sind daher sämtliche Sinneswahrnehmungen, die wir im Laufe unseres Lebens erlangen. Hierzu gehören unter anderem das Hören, Schmecken, Riechen sowie das Fühlen. Die Motorik hingegen beschreibt sämtliche Bewegungen des Körpers, die wir bewusst steuern können. Daher kann die Sensomotorik als Zusammenspiel unserer Sinnesorgane sowie der Fähigkeit, den Körper oder einzelne Körperteile gezielt zu bewegen, verstanden werden. Für uns Erwachsene ist dieses Zusammenspiel selbstverständlich. Kinder hingegen müssen all diese Prozesse und Bewegungen nach und nach lernen, ehe sie sie aktiv und zielgerichtet einsetzen können. Zunächst beginnen die sensorischen Reize einzusetzen. Gerüche werden wahrgenommen, Farben erkennt und Geräusche gehört. Die Motorik ist zu diesem Zeitpunkt noch vollkommen willkürlich. Erst im Verlauf der Entwicklung nimmt sie durch Übung Gestalt an und lässt sich nach und nach kontrolliert einsetzen. Doch warum hat das Erlernen der Sensomotorik eine solch hohe Bedeutung und einen enormen Einfluss auf die psychologische Entwicklung von Kindern?

Zur Klärung dieser Frage begeben wir uns in ein kleines Gedankenexperiment. Stell Dir vor, Du wärst wieder ein kleines Kind, etwa zwei Jahre alt. Heute ist der erste Tag, an dem Du ein paar Stunden im Kindergarten verbringen wirst. Nach einiger Zeit setzt sich ein weiteres Kind neben Dich und rollt Dir einen Ball zu. Ohne sensomotorische Fähigkeiten ist es Dir nicht möglich, den Ball zum anderen Kind zurückrollen zu lassen. Früher oder später wird es sich daher einen anderen Spielgefährten suchen. Als Resultat daraus wirst Du einige der ersten Emotionen, die Du bis hierhin kennengelernt hast, verspüren: Trauer und Verärgerung. Zugegeben, dieses Beispiel ist recht banal, doch es beschreibt ziemlich genau die Wichtigkeit von sensomotorischen Fähigkeiten im Kleinkindalter. Sind entsprechende Fähigkeiten nicht ausgeprägt, ist es ungleich schwerer soziale Kontakte zu knüpfen. Aus diesem Grund folgen viele Mediziner der Annahme, dass die sensomotorische Schulung während der ersten Lebensjahre den vielleicht bedeutendsten Einfluss neben der Kognition auf die psychische Entwicklung von Kindern hat.

Die sensomotorischen Fähigkeiten können früh trainiert werden

Glücklicherweise kann Dein Kind sensomotorische Fähigkeiten mit Deiner Hilfe recht schnell erlernen und ausbauen. Solltest Du feststellen, dass insbesondere die motorischen Fähigkeiten Deines Kindes nicht seinem Alter entsprechen, so kannst Du kleine Spiele nutzen, um sie zu aktivieren, und Deinem Kind bei der Entdeckung sowie der Entwicklung etwaiger Fähigkeiten entscheidend unter die Arme greifen.

Für die erste Übung benötigst Du lediglich einen kleinen Ball. Je nach Entwicklungsstand Deines Kindes sollte es ein bis zwei Meter von Dir entfernt sitzen oder stehen. Nun wirfst Du ihm den Ball zu und forderst ihn auf, ihn zu Dir zurückzuwerfen oder zu rollen. Um die Motorik besonders zu schulen, solltest Du die Richtung des Balls hin und wieder

verändern. Auf diese Weise bewegt Dein Kind einen Großteil seines Muskelapparates, da es nicht nur den Ball, sondern auch den ganzen Körper bewegen muss.
Eierlaufen dürfte Dir aus Deiner eigenen Kindheit noch bekannt vorkommen, schließlich gehört es zu den beliebtesten Spielen auf Kindergeburtstagen. In Wahrheit kann dieses Spiel viel mehr, als nur für Spaß zu sorgen. Um das Ei zum Ziel zu bringen, bedarf es sowohl sensorischer als auch motorischer Fähigkeiten. Der gesamte sensomotorische Apparat wird also beim Spielen geschult. Um den Schwierigkeitsgrad zu erhöhen, kannst Du einen kleinen Parkour errichten, der etwa aus kleinen Slalomkegeln oder einem Kissen besteht, über das das Kind mit dem Ei auf dem Löffel in der Hand klettern muss.

Übungen wie das Eierlaufen eignen sich leider nur für Kinder, die bereits laufen können. Besitzt Dein Kind diese Fähigkeiten noch nicht, so kannst Du Dir eine weitere Übung zunutze machen, um die Motorik der Beine zu verbessern. Es braucht lediglich einiger kleiner Gegenstände, die Du in zwei
Flachen Kisten nebeneinander platzierst. Die Aufgabe für das Kind liegt nun darin, die Gegenstände nur mithilfe der Füße von der einen in die andere Kiste zu bewegen. Der große Vorteil dieser Übung ist die Vielseitigkeit. Zum einen wird die Motorik der Füße und Beine geschult. Zum anderen wird die Fußmuskulatur gestärkt und diese ist für das spätere Leben von großer Bedeutung. Je eher die Fußmuskulatur bei Kindern trainiert wird, desto eher lassen sich damit Fehlstellungen oder Plattfüße verhindern.

Generell lässt sich festhalten, dass es im Grunde keinen zu frühen Zeitpunkt gibt, um mit sensomotorischen Übungen anzufangen. Eine frühzeitige Schulung dieser Fähigkeiten kommt sowohl der Gesundheit als auch der psychischen Stabilität Deines Kindes zugute.

4. DIE KOGNITION
DAS RATIONALE DENKEN

Ein wichtiger Bestandteil der Entwicklungspsychologie bei Kindern und Jugendlichen ist zweifelsfrei die **Kognition**. Der Begriff der Kognition umfasst im weitesten Sinne die Gesamtheit sämtlicher Strukturen und Vorgänge des menschlichen Wissens und die Möglichkeit, jenes Wissen bewusst anzuwenden. **Kognitive Prozesse** sind daher sämtliche Abläufe im Gehirn, welche auf einer höheren Ebene verarbeitet und genutzt werden. Je ausgeprägter die Kognition ist, desto intelligenter können Menschen in der Theorie werden, wobei es sich bei Intelligenz genau genommen um ein angeborenes Potenzial handelt. Fähigkeiten wie das Erinnerungsvermögen, das Lernen, das Erkennen oder Vergleichen sowie die Fähigkeit sich orientieren oder argumentieren zu können – dies alles sind kognitive Prozesse und unerlässlich für das menschliche Leben. All diese Prozesse sind uns angeboren. Dies bedeutet allerdings nicht, dass sie sich auch automatisch weiterentwickeln und ausprägen. Kognitive Prozesse sollten vielmehr als Fähigkeiten gesehen werden, die bewusst erlernt und trainiert werden können. Da Menschen dazu erst ab einem bestimmten Alter in der Lage sind, können Eltern viel dazu beitragen, um diese Prozesse bei ihren Kindern bestmöglich zu schulen und auszuprägen.

"Die beiden Formen von Lernprozessen, die implizite und die explizite, begleiten uns in vielfacher Vermischung das Leben lang, und es ist im Einzelnen außerordentlich schwierig, wenn nicht unmöglich, ein bestimmtes Lernergebnis, eine Handlung, genau auf alle an ihrem Zustandekommen beteiligten Prozesse zurückzuführen. Aber in den ersten Lebensjahren, bevor die innersprachliche Regulation des Denkens und Handelns einzusetzen beginnt, herrscht nur die eine, nämlich die implizite. Gewöhnlich im dritten, verstärkt im vierten Lebensjahr, ergänzen sich die Lernprozesse, und erst von da an kann ein pädagogischer Appell an explizites, sprachlich verankertes, und ins Bewusstsein zurückrufbares Lernen Wirkung zeigen. Wenn wir uns als Erwachsene zurückbesinnen auf das, was wir in der Kindheit alles erfahren und gelernt haben, so kommen wir hinter die Schwelle, ab der explizites Lernen allmählich einsetzt, in aller Regel nicht zurück, und dies, obwohl sich doch gerade in den ersten Lebensjahren so vieles und so Grundlegendes anbahnt – keineswegs nur, aber doch prominent auf dem Sektor der Sprache. Die Anfänge des ersten Spracherwerbs geschehen auf implizitem Wege. Das ist der Grund, warum wir die Regeln der Grammatiken unserer ersten Sprachen zwar beherrschen, sie aber (auf explizitem Wege) regelrecht später lernen müssen, wenn wir sie formulieren wollen."[9]

Dieser Auszug aus "Kognition und Sprache" von Gudula List fasst treffend zusammen, aus welchen Teilbereichen sich das kognitive Lernen zusammensetzt. Das implizite Lernen ist ein Begriff aus der Psychologie, welcher meist die unbewusste sowie auf spielerischer Grundlage basierende Aneignen und Erlernen von Fertigkeiten und Fähigkeiten sowie Wissen, um bestimmte Aufgaben oder Tätigkeiten erledigen zu können, beschreibt. Ein Beispiel für das implizite Lernen findet sich im frühesten Kindesalter. Beim Spielen mit den Eltern oder anderen Kindern lernt der Nachwuchs nebenbei und intuitiv die Bedeutung der Sprache kennen sowie die Tatsache, dass es sich dabei um ein Mittel zur Kommunikation handelt. In späteren Lebensabschnitten sind beispielsweise **motorische Fähigkeiten** wie das Radfahren oder prozedurale Fähigkeiten wie das

[9] List, Gudula: Kognition und Sprache – Kindlicher Spracherwerb in Verbindung mit Kognition und kindlichem Handeln aus entwicklungspsychologische Sicht, S. 6

Führen von Gesprächen mit expliziten Zielen, beispielsweise einer Kaufs- oder Verkaufsabsicht, verbunden. Sie können implizit, also rein durch das Zusehen und Nachahmen sowie durch regelmäßiges Training angeeignet werden.

4.1 Die Kognition ist ein sich entwickelnder Prozess

Das kognitive Denken beginnt bereits kurz nach der Geburt. Zu diesem Zeitpunkt ist es noch sehr limitiert und äußert sich nur in wenigen Fähigkeiten. Die ersten beiden kognitiven Prozesse sind die sinnliche Wahrnehmung sowie die Entwicklung erster Bewegungen. Im voranschreitenden Stadium entwickelt sich das kognitive Denken noch zögerlich. Nach und nach werden Fähigkeiten wie das Hören, Sehen, Laufen oder Fühlen entwickelt. Je älter Kinder werden, desto intensiver und komplexer werden auch entsprechende Prozesse. Insbesondere die Ausbildung der Fähigkeit des logischen Denkens ist der erste große Schritt zu einem wirklich kognitiven Zustand. Während die Denkprozesse zunächst noch konkret und fixiert sind, erweitertet sich die kognitive Leistung dahingehend, dass nun auch abstrakte und differenzierte Betrachtungsweisen möglich sind. Am Ende dieser grundlegenden Fähigkeiten steht die Fähigkeit, so frei zu denken, dass ein Handeln auf Basis eines innerlichen Antriebs möglich ist.

Die kognitiven Prozesse sowie deren Entwicklung ist allerdings von unzähligen Faktoren abhängig. Der wohl wichtigste Faktor sind hierbei die Emotionen. Schon früh beginnen Kinder damit, emotionale Verbindungen und Beziehungen zu ihrem Umfeld aufzubauen. Nicht immer handelt es sich dann um Menschen. Auch andere Dinge in ihrer Umwelt können dazu dienen, eine Verbindung zu schaffen. Als wohl bestes Beispiel lässt sich hierfür das erste Kuscheltier nennen. Selbst im Erwachsenenalter können sich viele Menschen noch immer an ihr erstes Kuscheltier erinnern. Nicht selten werden dabei sogar Emotionen oder Erinnerungen hervorgerufen, die längst in den Tiefen des Gedächtnisses verschwunden schienen. Gleichwohl lässt sich damit belegen, dass der effektive Lernprozess umso intensiver ist, je intensiver auch die Emotionen eines Kindes ausgeprägt sind. Selbst Kleinigkeiten wie das Schneiden von Grimassen kann ein Faktor sein, um die Beziehung zwischen Kind und Eltern zu stärken. Auf diese Weise entwickelt sich ein zunehmend positives Gefühl gegenüber der Bezugsperson. Solche für uns weniger bedeutsamen Ereignisse tragen bei Kindern dazu bei, dass die Kognition nach und nach reift.

Kognitives Denken in kleinen Schritten

Während der ersten zwölf Monate ist es in erster Linie die natürliche Neugier, die dafür sorgt, dass ein Kind erste Erfahrungen macht. Es erkundet seine Umgebung, nimmt erste Reize und Einflüsse wahr und speichert diese zunächst ab. Ein Beispiel hierfür ist das Spielen mit einem Ball, welcher uns in den folgenden Entwicklungsschritten begleiten wird. In Erinnerung bleibt zunächst nur das Wissen darüber, dass sich der Ball glatt und rund anfühlt. Welchem Zweck er dient und welche Eigenschaften er bei motorischen Einflüssen hat, wird hingegen noch nicht wahrgenommen.

Vom **ersten bis zum zweiten Lebensjahr** sind bereits deutliche Sprünge bezüglich der sich entwickelnden Kognition sichtbar. Kinder beginnen nun damit, **Gegenstände** als solche zu **verstehen**. Der Ball erhält dabei neue Informationen. Nun ist er nicht mehr nur glatt und rund. Vielmehr weiß das Kind mittlerweile, dass es den Ball bewusst bewegen kann, und dass er nach unten fällt, wenn es ihn fallen lässt. Zudem entwickelt sich allmählich die räumliche Vorstellungskraft.

Den nächsten großen Schritt gehen Kinder **zwischen dem zweiten und dem dritten Lebensjahr**. Die Kognition ist nun so weit ausgereift, dass **Objekte bewusst kategorisiert** werden können. Eigenschaften wie Gerüche, Größe, Formen oder Farben können nun erkannt und zugeordnet werden. Dies geht damit einher, dass das Kind nun weiß, dass ein Ball nur aus dem Grund rollen kann, weil er rund ist. Eckige Objekte weißen diese Eigenschaft hingegen nicht auf. Darüber hinaus wird ihnen bewusst, dass gewisse Gegenstände eine Funktion haben.

"Im Laufe des 2. Lebensjahres wird immer mehr funktionelles Wissen erworben. So wird der im kulturellen Kontext übliche Umgang mit Alltagsgegenständen und deren Bedeutung gelernt: Löffel und Gabel werden hierzulande zum Essen benutzt, ein Becher zum Trinken, Buntstifte zum Malen und eine Zahnbürste zum Zähneputzen. Ratsam ist es, die individuellen Neigungen eines Kindes für bestimmte Dinge und Vorlieben für spezielle Beschäftigungen und Tätigkeiten möglichst nicht einzuschränken, sondern aufzugreifen und durch ergänzende Angebote anzuregen und auszubauen. So erhält das Kind die Möglichkeit, sich mit den Gegenständen, die es attraktiv findet, von sich aus und ohne äußere Einschränkungen in Ruhe zu beschäftigen. Wenn Kinder auf diese Weise unterstützt werden, findet schon früh eine Weichenstellung für den Aufbau selbst gewählter Beschäftigungsbereiche statt, die sich dann möglicherweise in den folgenden Jahren zu umfassenderen, individuellen Interessensfeldern ausweiten können."[10]

---

[10] Kasten, Hartmut (2014): Entwicklungspsychologische Grundlagen der frühen Kindheit und frühpädagogische Konsequenzen, S. 10

vgl. auch Kasten, Hartmut (1991): Beiträge zu einer Theorie der Interessenentwicklung

Zwischen dem dritten und vierten Lebensjahr tritt eine Entwicklung auf, die von entscheidender Rolle ist. Die **Imagination** gehört nun zum Portfolio der Kognition. Das Kind versucht nun, zu erahnen, welche Konsequenzen ein mögliches Handeln haben könnte. Selbstverständlich geht es hierbei noch um kleinere motorische Aufgaben. Auch liegt es mit seinen Annahmen noch nicht immer richtig. Dennoch versucht es regelmäßig, sich Abläufe von Handlungen vor Augen zu führen. Zudem wächst das Bewusstsein dafür, dass eine Ursache und Wirkung in einem direkten Zusammenhang stehen. Diese beiden zu unterscheiden, gelingt allerdings nicht in jedem Fall.

Ab dem vierten Lebensjahr entwickelt sich die kognitive Fähigkeit so weit, dass Kinder nun in der Lage sind, **Mengen und Zeiten zu verstehen**. So nehmen sie nun den Wechsel von Tag und Nacht bewusster wahr und können sogar Wochentage zuordnen. Zudem trägt die Fähigkeit, Mengen analysieren zu können, zu einem grundlegenden Verständnis für das Zählen bei. Das Zählen selbst ist noch nicht oder nur geringfügig möglich, doch kann das Kind nun unterscheiden, ob auf der einen Seite des Raumes mehr Bälle liegen als auf der anderen Seite.

Im letzten Schritt der kindlichen Kognition im Alter von **fünf bis sechs Jahren** sind viele der vorherigen Prozesse weitestgehend ausgereift. Sie werden nun durch weitere Fähigkeiten ergänzt. **Abläufe sowie Handlungen** lassen sich jetzt **durchdenken** und **planen**. Der innere Trieb der Neugier trägt zusätzlich dazu bei, dass viele Dinge ausprobiert werden. Somit nehmen auch die gemachten Erfahrungen noch einmal deutlich zu. Auch das logische Denken erhält in der Folge einen Aufschwung.

4.2 Förderung der Kognition

Sowohl Eltern als auch Erzieher oder Lehrer können die Förderung der Kognition gezielt vorantreiben. Um die Entwicklung nicht durch negative Einflüsse zu gefährden, sollte dies immer unter spielerischen Aspekten und niemals unter Zwang oder Druck geschehen. Je mehr Spaß ein Kind beim Lernen und Weiterentwickeln von Fähigkeiten hat, desto größer ist auch der Erfolg.

Ein wichtiger Aspekt der Kognition ist die **Sprache**. Mit zunehmendem Alter nehmen wir Menschen immer mehr Wörter auf und speichern diese ab. Wir sind in der Lage, sie ganz bewusst Dingen, Gegenständen oder Ereignissen zuzuordnen. Das bedeutet jedoch keinesfalls, dass dabei keine Fehler passieren. Insbesondere bei Kindern, die die Sprache gerade erst für sich entdecken und damit beginnen, sich mitzuteilen, sind Fehler ganz normal. Um die Sprache zu fördern, können Eltern allerdings ganz bewusst darauf hinarbeiten und unterschiedliche Sprachübungen mit ihren Kindern durchführen. Wird ein Wort falsch ausgesprochen, so kannst Du es Deinem Kind noch einmal vorsagen und es darum bitten, das Wort zu wiederholen. Bei der Sprachförderung gilt es vor allem darauf zu achten, dass die Intensität sowie die Qualität der Sprache gut sind. Ersteres bedeutet, dass Du Dein Kind ruhig zum Sprechen animieren darfst, wenn es von sich aus weniger spricht. Die Sprachförderung kann auch auf anderen Wegen erfolgen. Das Vorlesen von Büchern muss nicht zwangsläufig nur der Unterhaltung dienen. Vielmehr eignen sich Bücher und das Vorlesen, um die Sprachfähigkeiten des Kindes zu schulen. Wenn Du Deinem Kind etwas vorliest, dann achte stets darauf, dass Du sowohl langsam als auch deutlich sprichst. So fällt es dem Nachwuchs einfach, sich die gehörten Worte besser und vor allem richtig einzuprägen.

"Zwei Dinge sind unabdingbar erforderlich, damit sich Sprache entwickelt: ein menschliches Gehirn und eine soziale Umwelt, in der gesprochen wird. Aufbauend auf dem, was Kinder bereits bei der Geburt mit auf die Welt bringen (Vorliebe für sprachliche Laute, Differenzierungsvermögen zwischen verschiedenen Lauten) und dem, was mithilfe der Anregungen ihrer Bezugspersonen bereits im ersten Lebensjahr damit gemacht wird. Im Rahmen von Lall- und Plapperdialogen (in denen spielerisch mit Lauten experimentiert wird) und durch Verwendung der Babysprache (emotionaler Tonfall, höhere Tonlage, langsamere Sprechgeschwindigkeit, übertrieben deutlich Begleitmimik), sprechen viele Kinder bereits Anfang des zweiten Lebensjahres die ersten (mehr oder weniger) verständlichen Wörter. Die Variationsbreite ist hier jedoch sehr groß. Hervorhebenswert ist in diesem Zusammenhang, dass Kleinkinder von sich aus kommunikativ sind. Mit Begeisterung spielen sie schon gegen Ende des ersten Lebensjahres "Guck-Guck-Wo-bin-ich"- oder "Nimm-gib"-Spiele."[11]

Neben der Fähigkeit zu sprechen und sich somit mitteilen zu können ist auch das Erinnerungsvermögen eine wichtige kognitive Fähigkeit. Besonders schön ist, dass sie spielend leicht geschult werden kann. Spiele wie Memory sind ideal, um das Erinnerungsvermögen mit viel Spaß zu trainieren. Selbst alltägliche Ereignisse kannst Du zum Training nutzen. Bei einem Spaziergang durch den Park kannst Du Dein Kind beispielsweise danach fragen, wie dieser oder jener Gegenstand heißt, der Euch auf dem Weg begegnet. Parallel dazu lässt sich durch diese Übung auch die Sprachfähigkeit optimieren.

Um individuelle Denkprozesse und Anregungen zu schaffen, ist es zudem ratsam, Kinder mit neuen Dingen zu konfrontieren. Je öfter sie mit neuen

[11] Kasten, Hartmut (2014): Entwicklungspsychologische Grundlagen der frühen Kindheit und frühpädagogische Konsequenzen, S. 12

Erfahrungen oder Objekten konfrontiert werden, desto intensiver werden sie zum Denken angeregt. Jeder einzelne dieser Denkvorgänge stärkt die Kognition sowie die Fähigkeit, Wissen aufzunehmen und einzusetzen. Besuche mit Deinem Kind neue Orte oder gehe mit ihm in den Zoo. Bei etwaigen Ausflügen gibt es eine Vielzahl an neuen Eindrücken, die kognitive Prozesse freilegen und diese fördern. Währenddessen kannst Du auch ruhig als Erklärer auftreten und Deinem Kind Informationen vermitteln, die seine eigene Auffassungsgabe noch nicht wahrnimmt.

Kognitive Fähigkeiten entwickeln sich insbesondere dadurch, dass Kinder neue Erfahrungen sammeln. Allein schon aus diesem Grund ist es ratsam, Kindern bei dieser Entwicklung proaktiv unter die Arme zu greifen. Bedenke dabei aber immer, dass Druck oder Zwang kontraproduktiv sind. Auch negative Kritik hat an dieser Stelle nichts verloren. Wenn sich Dein Kind beim Erlernen einer Fähigkeit schwertut, so solltest Du es dafür nicht kritisieren. Hebe stattdessen hervor, welche Punkte es bis dahin gut gemacht hat und ermutige es, sich weiterhin an der Aufgabe zu versuchen. Wer die Entwicklung seines Kindes aktiv gestaltet und dies mit spielerischen Elementen verbindet, der unterstützt die kognitive Entwicklung in vielfältiger Hinsicht und sorgt zeitgleich dafür, dass das Selbstkonzept des Kindes und damit verbunden auch das Selbstbewusstsein steigt.

4.3 Kann Intelligenz gefördert oder trainiert werden?

Unser Verstand ist auch unsere schärfste Waffe. Intelligente Menschen stellen die Vorteile dieser Eigenschaft regelmäßig unter Beweis. Nicht umsonst gehen die meisten Erfindungen und wissenschaftlichen Ausarbeitungen fast immer auf überdurchschnittlich intelligente Menschen zurück. Da die Kognition auf der Fähigkeit beruht, sich Wissen anzueignen und dieses anzuwenden, könnte man die Vermutung aufstellen, dass dies zu einer trainierbaren Intelligenz beiträgt. Tatsächlich sind wir, was die Kapazität unserer Intelligenz angeht, von der Natur abhängig. Sie wird einzig und allein durch unsere Gene bestimmt und das bereits vor der Geburt. Gleichzeitig bedeutet dies jedoch nicht, dass wir nicht an unserer Intelligenz arbeiten können. Aus wissenschaftlicher Perspektive ist unsere höchstmögliche Geistesleistung zweifelsfrei gedeckelt. Das bedeutet, dass vorherbestimmt ist, wo sie endet. Dieses Ende ist bei Menschen unterschiedlich angesiedelt. Es lässt sich also formulieren, dass einige Menschen von Natur aus nicht so intelligent sein können wie andere. Und dennoch gibt es ein Hintertürchen, das wir uns zunutze machen können. Im Normalfall ist es so, dass wir unsere Intelligenz nicht vollends ausschöpfen. Das bedeutet im Umkehrschluss, dass wir die maximale Kapazität nur mit Training erreichen können. Dies gilt selbstverständlich auch für Kinder. Doch welche Optionen kannst Du nutzen, um das Potenzial der geistigen Leistungsstärke Deiner Kinder zur Entfaltung zu bringen?

Viele Wissenschaftler vertreten die Annahme, dass die Sprache den Schlüssel zur Intelligenz darstellt. Sie ermöglicht es uns, Vorstellungen oder Wünsche zu formulieren und komplexe Inhalte so auszudrücken, dass jeder sie verstehen kann. Lesen ist daher ein wunderbares Mittel, um sowohl die Sprachentwicklung als auch die Konzentrationsfähigkeit von Kindern zu fördern. Dass Lesen Kapazitäten im Gehirn freisetzt, konnte zudem durch Studien bewiesen werden. Die Australien National University hat vor Jahren festgestellt, dass sich der Bildungsweg von Kindern verlängert, wenn sie in einem Haushalt mit vielen Büchern aufgewachsen sind.

Weiterhin gibt es einige Möglichkeiten, kognitive Prozesse bei Kindern in die Wege zu leiten, ohne dass Du viel dafür tun musst. Das Zusammensein mit gleichaltrigen Kindern reicht bereits aus, um diese Prozesse zu fördern. Dies ist dem Umstand geschuldet, dass Kleinkinder eher dazu neigen, Interessen mit Gleichaltrigen zu teilen als mit ihren Eltern. Möchtest Du Deinem Kind etwas Gutes tun, dann lass es schon früh mit anderen Kindern spielen.

Zu guter Letzt ist ein motivierender Aspekt nicht minderbedeutend für die geistige Entwicklung. Regelmäßiges Lob sowie positives Feedback fördern zwar nicht direkt die Intelligenz und beeinflussen auch nicht die Nutzung der Kapazität, doch erhöhen sie nachweislich die Motivation von Kindern, lernen zu wollen. Wer in frühester Kindheit also regelmäßig gelobt wird, der neigt später eher dazu, sich selbstständig Wissen anzueignen. Im Umkehrschluss führt dies wiederum zu einer erweiterten und verbesserten Kognition.

5. DIE EMOTIONALE WIRKUNG VON KINDERN UND JUGENDLICHEN

In der Entwicklungspsychologie spielen häufig eine Vielzahl von Begriffen eine Rolle, die uns unser Leben lang begleiten. Gefühle wie Freude, Angst oder Trauer gehören dazu. Der Psychologe Paul Ekman war lange Jahre als Forscher auf diesem Gebiet unterwegs und hat etwaige Gefühle genauer unter die Lupe genommen, um die emotionale Entwicklung von Kindern besser entschlüsseln zu können. Die angeführten Emotionen wurden von ihm als sogenannten **Basisemotionen** beschrieben. Ausschlaggebend für diese Klassifizierung ist ein einzelner Fakt: Unabhängig davon, wo wir uns auf dieser Erde befinden, welchem Kulturkreis oder Ethnie wir auch angehören, die Basisemotionen äußern sich überall auf der Welt durch dieselben Gesichtsausdrücke. Somit gelten sie in jeder Kultur als unmissverständlich. Zusätzlich zu den Basisemotionen gibt es noch andere Formen von Emotionen. Auch diese können wir durch Mimik und Gestik zum Ausdruck bringen, doch variieren sie hinsichtlich ihrer Art sowie ihrer Intensität.

Bei Kindern und Jugendlichen äußern sich die Basisemotionen besonders intensiv und vor allem direkt. Kinder haben noch nicht gelernt, Emotionen zu verstecken, und lassen sie naturgemäß frei zur Entfaltung kommen. Dies zeigt sich besonders, wenn wir uns kurz in ein Beispiel flüchten. Stell Dir vor, Du stehst gerade auf dem Dach eines Hauses in Deiner Nachbarschaft. Von da oben kannst Du alles einsehen – die Straße, die

Häuser oder Wohnungen der Nachbarn, den Spielplatz und sogar die Geschäfte nebenan. Auf dem Spielplatz sitzen zwei Kinder. Du beobachtest, wie das eine Kind dem anderen sein Spielzeug wegnimmt. Die emotionale Reaktion in Form von Verärgerung, Trauer oder Wut wird sich binnen Sekunden zeigen. Selbiges gilt auch für das Kind, das im Supermarkt von seiner Mutter keine Süßigkeiten gekauft bekommt. Aus unserer Perspektive scheinen all diese Reaktionen nicht nur vorhersehbar, sondern auch völlig normal zu sein. Bei genauerer Betrachtung ergeben sich allerdings einige Fragen, die für die psychologische Entwicklung von Kindern und Jugendlichen essenziell sind. Welches Alter ist notwendig, damit Kinder ihrer Emotionen zum Ausdruck bringen können? Ab wann sind sie in der Lage, ihre eigenen Emotionen und auch die ihrer Mitmenschen bewusst wahrzunehmen und einzuordnen? Und welche Möglichkeiten hast Du als Elternteil, um Deinen Kindern im Umgang mit ihren Emotionen zu helfen?

"Die Entwicklung und der Ausdruck der primären (z. B. Freude, Wut, Angst, Ekel, Überraschung, Trauer) und sekundären (z. B. Stolz, Scham, Empathie, Verlegenheit, Schuld) Emotionen hängen von der Entwicklung in anderen Bereichen ab. Sekundäre Emotionen setzen voraus, dass das Kind zur Selbstreflexion fähig ist und sich seiner eigenen Person bewusst ist. So ist es für das Erleben von Stolz, Scham und Schuld notwendig, sozial anerkannte Verhaltensstandards und -regeln zu kennen, das eigene Verhalten zu diesen Regeln in Beziehung zu setzen und sich selbst die Verantwortung für das erfolgreiche oder fehlende Einhalten dieser Regeln zuzuschreiben. Für die Entwicklung im emotional-sozialen Bereich hat auch die Entwicklung in den anderen Funktionsbereichen eine große Bedeutung."[12]

---

[12] Götze, Alexandra; Ziegenbalg, Steffi; Mälzer, Yvonne (2018): Förderung der emotionalen und sozialen Entwicklung von Kindern im Anfangsunterricht der Grundschule, Sächsisches Staatsministerium für Kultus (Hrsg.), S. 3

5.1 Emotionen müssen erst erkannt werden, bevor sie bewusst gesteuert werden können

Wann ein Kind sich der Wirkung sowie der Regulation von Emotionen bewusst ist, hängt stark von der individuellen Entwicklung ab. Psychologen haben anhand unterschiedlicher Testreihen eine große Altersspanne feststellen können. Während einige Kinder bereits mit vier Jahren dazu in der Lage sind, erreichen andere Kinder diesen Punkt ihrer **emotionalen und kognitiven Entwicklung** erst im Alter von acht Jahren. Bevor Kinder überhaupt in der Lage sind, Emotionen kontrolliert einzusetzen und diese zu steuern, bedarf es zunächst einer anderen Fähigkeit. Sie müssen sich der Unterschiede bezüglich der Emotionen bewusst sein und diese wahrnehmen können. Wie auch bei der Regulation haben die Forscher herausgefunden, dass auch die Wahrnehmung von Emotionen in ganz unterschiedlichen Entwicklungsstadien einsetzen kann. Frühestens mit drei Jahren beginnt dieser Prozess. Bei sich langsamer entwickelnden Kindern kann er auch erst im Alter von sechs Jahren einsetzen. Unabhängig davon, wann eine jeweilige Entwicklung einsetzt, haben alle Kinder von Natur aus eines gemeinsam. Mit zunehmendem Alter verbessert sich die Fähigkeit, Emotionen wahrzunehmen immer mehr. Insbesondere prägende und gewichtige Emotionen wie Trauer, Freude oder Überraschung werden am ehesten erkannt.

Anhand der Studienergebnisse könnten wir also nun davon ausgehen, dass Kinder früher oder später automatisch lernen, was Emotionen sind, wie sie sich deuten und einordnen lassen und wie sie gesteuert werden können. In der Realität ist das aber nicht immer so einfach. Was ist, wenn ein Kind oder ein Jugendlicher plötzlich nicht mehr in der Lage ist, seine Emotionen zu steuern und sie zu lenken? Negative Emotionen wie Trauer oder Angst sind auch bei Kindern zunächst völlig normal. Manifestiert sich aber dieser Zustand, führt dies unweigerlich zu einem sogenannten **Leidensdruck**. Hinter diesem Begriff verbirgt sich eine seelische Belastung, die aufgrund einer psychischen Störung begünstigt wird. Gerade bei Kindern sind ein schnelles Handeln und der Gang zum Psychologen ratsam, bevor die Belastung zu groß wird und langanhaltende Schäden hinterlässt. Mithilfe unterschiedlicher Verfahren kann der Facharzt dann feststellen, ob und welche emotionale Störung vorliegt und entsprechende Maßnahmen einleiten. Dabei spielt vor allem das Erlernen des Umgangs mit Emotionen eine wichtige Rolle. Dieser Aspekt verdeutlicht, wie wichtig es ist, Kinder frühzeitig mit Emotionen vertraut zu machen. Je jünger ein Kind ist, desto eher sollten Eltern Emotionen wie Trauer oder Angst vorsichtig hinterfragen und den Gründen auf die Spur gehen. Geschieht dies nicht, kann die daraus resultierende emotionale Belastung psychologische Störungen hervorrufen, die bis ins Erwachsenenalter präsent bleiben.

5.2 Große Veränderungen im Jugendalter

Die Fachwelt definiert für das Jugendalter unterschiedliche Aufgaben, die sogenannten **Entwicklungsaufgaben**. Dabei handelt es sich sowohl um Erwartungen als auch um Anforderungen, die eine bestimmte Altersgruppe hinsichtlich ihrer Entwicklung erfüllen sollte. Auch die Entwicklung und das Verständnis vom Einsatz der Emotionen gehört zu diesen Entwicklungsaufgaben. Im Jugendalter zwischen zehn und 18 Jahren durchlaufen Kinder allerdings die Pubertät. Sie stoßen dabei auf die Tatsache, dass sich Emotionen ganz anders ausdrücken können, als sie es bislang gewohnt waren. Je nach psychischer Beschaffenheit kann die emotionale Situation eines Kindes dabei stark von äußeren Einflüssen geprägt sein. Die hormonelle Veränderung während der Pubertät begünstigt diese Anfälligkeit. Dauerhafte Traurigkeit oder gar Depressionen sind bei

Kindern weiter verbreitet, als oftmals vermutet wird. Damit Kinder in diesem Alter überhaupt in der Lage sind, etwaige Emotionen richtig einordnen und verstehen zu können, benötigen sie oftmals Hilfe. Einerseits kannst Du als Erwachsener viel dazu beitragen, in dem Du mit Deinem Kind früh über seine Gefühle sprichst. Auch während der Pubertät ist es einen Versuch wert. Dabei kann es allerdings vorkommen, dass sich Dein Kind Dir gegenüber nicht öffnen will. Ist dies der Fall, so benötigt es professionelle Hilfe. Nicht immer muss es ein Psychologe sein. Schon emotionales Training kann deutliche Verbesserungen zum Vorschein bringen, da das Kind während des Trainings lernt, wie es seine Emotionen verstehen und damit umgehen soll.

"Im Jugendalter verändert sich auch der Stil des Denkens. Für die Durchführung des Trainings ist es wichtig, zu wissen, welche kognitiven Operationen von den Jugendlichen zu erwarten sind. Gerade bei kognitiven Umdeutungen (s. »Geist-ist-geil«-Baustein) sind formale Denkoperationen, die über das konkret Anschauliche hinausgehen, notwendig. Deswegen ist es sinnvoll, den tatsächlichen Entwicklungsstand der Jugendlichen zu berücksichtigen. Im Jugendalter entwickelt sich u. a. genau diese Fähigkeit. Es können Hypothesen gebildet, Problemlösungen in Einzelschritten entwickelt und logische Schlussfolgerungen gezogen werden. Im Jugendalter steigt die Fähigkeit zur Introspektion und zur Selbstreflexion. Zudem sind Perspektivwechsel, Perspektivenübernahme und Perspektivenkoordination jetzt möglich. Unter Perspektivenkoordination wird die Fähigkeit verstanden, im Handeln die Perspektiven von einem oder mehreren anderen im Blick zu behalten und auf sie einzugehen. Dazu gehört es auch, sich selbst mit den Augen anderer zu sehen.[13] Soziale Informationen werden stärker verarbeitet, denn die Peer gewinnen als Bezugsgruppe eine viel stärkere Bedeutung [...]. Zudem wächst auch die Kritikfähigkeit.

[13] Selman (1984) zitiert nach Eckert, Tarnowski und Merten (2019)

Erst diese veränderten kognitiven Fähigkeiten ermöglichen es den Jugendlichen, ein eigenes Wertesystem und damit eine Identität aufzubauen, und sich von ihren Eltern abzugrenzen."[14]

[14] Eckert, Marcus; Tarnowski, Torsten; Merten, Luise (2019): Stress- und Emotionsregulation für Jugendliche – Trainingsmanual zum Programm Stark im Stress, Beltz Verlag, Weinheim Basel, S. 16

6. SOZIALE BEZIEHUNGEN UND KOMPETENZEN

Eine Vielzahl unterschiedlicher Faktoren ist dafür verantwortlich, dass Kinder schon während ihrer frühesten Entwicklung Grundlagen erlernen, um später einen angemessenen Umgang mit ihrem **sozialen Umfeld** schulen können. Dabei sollte dieser Prozess jedoch nicht ausschließlich den eigenen Erfahrungen der Kinder anvertraut werden. Vielmehr ist es ratsam, dass sich Eltern aktiv mit der sozialen Entwicklung ihrer Kinder auseinandersetzen, diese beobachten und analysieren und nach Möglichkeit helfend unter die Arme greifen. Letzteres ist besonders wichtig, da wir von Geburt an zwar mit grundlegenden sozialen Aspekten vertraut gemacht werden, jedoch komplexere Fähigkeiten nicht ohne Weiteres erlernen können. Inwieweit wir mit den Grundlagen geboren werden, lässt sich an unterschiedlichen Beispielen festmachen. So ist es wissenschaftlich erwiesen, dass Neugeborene schon nach wenigen Wochen menschlichen Gesichtern bewusst mehr Aufmerksamkeit zukommen lassen als Gegenständen in ihrer unmittelbaren Umgebung. Auch das frühe Lächeln, das bei fast allen Neugeborenen zu sehen ist, kann als eine Art und Weise der ersten **sozialen Interaktion** verstanden werden – auch wenn diese zunächst nur intuitiv erfolgt. Wer bereits Kinder aufwachsen sehen hat, der wird sich zudem wohl auch daran erinnern können, dass der Nachwuchs recht früh damit beginnt, Gestik oder Mimik der Eltern nachzuahmen. Dies alles darf als die Grundlage der sozialen Interaktion verstanden werden. So schön und vor allem praktisch dies auch erscheint, so deutlich zeigt es auch auf, wie intensiv die nachfolgenden Monate und Jahre das

Verhalten eines Kindes beeinflussen. Denn außerhalb dieser angeborenen Grundlagen bedarf es einer intensiven Schulung der sozialen Fähigkeit. Doch inwiefern können und sollten Eltern in diesem Zeitraum Einfluss darauf nehmen und welche Möglichkeiten gibt es, die **soziale Kompetenz** von Kindern oder Jugendlichen zu fördern?
"Kinder sind zugleich wunderbar und für Erwachsene doch furchtbar anstrengend. Beides liegt vor allem daran, dass sie ihre Gefühle unmittelbar ausdrücken – ohne Filter, ohne Reflexion, ohne Hintergedanken. Besonders auffällig ist dies bei kleinen Kindern. Ihre Gesichter wechseln wie der Himmel an einem durchwachsenen Apriltag von heiter zu wolkig und wieder zurück, und das zuweilen binnen Sekunden. Je älter Kinder werden, desto mehr lernen sie, ihre Gefühle nicht unmittelbar auszudrücken. Sie lernen zum Beispiel, nicht einfach loszuschreien, wenn ihnen etwas nicht passt, sondern etwas zu sagen. Oder sie lernen, dass bestimmte Gefühle in ihrer Umgebung auf Ablehnung stoßen und hören deshalb auf, diese Gefühle auszudrücken oder sogar sie zu erzeugen. Doch auch wenn sich das Verhältnis zu den eigenen Gefühlen im Laufe der Entwicklung verändert, kommt erst mit der Pubertät die Fähigkeit, die Erschaffung der eigenen Gefühle zu reflektieren und damit bewusst zu steuern. Wenn wir uns vor Augen führen, wie schwierig dies selbst für Erwachsene noch ist, wird es uns kaum verwundern. Trotzdem oder gerade deshalb spielen wir als Eltern eine zentrale Rolle bei der Frage, ob unsere Kinder ihre Gefühlskräfte auf eine gesunde Art entwickeln oder nicht. Die gute Neuigkeit: Es ist einfacher als gedacht. Es ist in unseren Kindern von Natur aus angelegt, ihre Gefühlskräfte so zu entfalten, dass sie groß und stark werden. Wir müssen nicht groß eingreifen oder irgendwelche Superleistungen vollbringen, damit dies geschieht. Was uns abverlangt wird, ist jedoch die Achtsamkeit, diese natürliche Entwicklung nicht zu behindern – etwa indem wir Gefühle ablehnen, blockieren, bekämpfen oder exzessiv fördern. Gewissermaßen müssen wir uns raushalten, ohne unsere Kinder im

Stich zu lassen. Wir sind gefordert, uns nicht einzumischen und trotzdem ganz da zu sein."[15]

Soziale Fähigkeiten basieren auf unterschiedlichsten Lernelementen

Zunächst einmal ist wichtig, zu wissen, dass es bei der Förderung sozialer Fähigkeiten keinen Königsweg gibt. Sich auf einen Aspekt der Erziehung zu versteifen, ist also nur wenig hilfreich. Wenn Du Deinem Kind bei der Entwicklung unter die Arme greifen möchtest, dann solltest Du die dafür ausgewählten Maßnahmen möglichst häufig und abwechselnd, im besten Fall sogar kombiniert, nutzen. Es gilt darauf zu achten, dass sowohl die Eltern viel Zeit mit den Kindern verbringen, ihnen dabei jedoch genügend Freiraum zur eigenständigen Entfaltung gelassen wird. Selbstverständlich sind auch der Umgang und das Spielen mit anderen Kindern ein erheblicher Faktor für die Entwicklung sozialer Fähigkeiten. Darüber hinaus ist es von äußerster Wichtigkeit, dass Kinder nicht mit ihren Emotionen allein gelassen werden. Auch sie müssen erst lernen, welche Emotionen worauf basieren, was sie bedeuten, wie sie eingeordnet werden und wie darauf reagiert werden kann und sollte. Zu guter Letzt gibt es eine Vielzahl von Beschäftigungen und Hobbys, mit deren Hilfe Du Deinem Kind behilflich sein kannst.

"In welcher Qualität die sozial-emotionalen Fähigkeiten ausgebildet sind, ist in den verschiedensten Lebensbereichen von großer Bedeutung – sowohl aus der Perspektive des Einzelnen als auch aus gesellschaftlicher Sicht. Zunächst sind sozial-emotionale Fähigkeiten wichtig für die einzelne Person; davon hängt ab, in welcher Qualität ein Kind oder ein Erwachsener Beziehungen zu anderen Menschen erleben und gestalten kann. Das ist im privaten Bereich von Familie und Freundschaft wichtig,

[15] Dittmar, Vivien (2014): Kleine Gefühlskunde für Eltern – Wie Kinder emotionale und soziale Kompetenz entwickeln, 4. Auflage, Verlag VCS Dittmar, S. 12 f.

aber auch im Kindergarten, in der Schule und später im Berufsleben. Inwieweit wir die Gefühle von anderen Menschen erkennen und verstehen können, bestimmt die Kommunikation. Werden Gefühle von anderen nicht erkannt oder anders als von ihnen gemeint interpretiert, kommt es häufig zu Missverständnissen und Konflikten – man kann sich nicht sinnvoll aufeinander beziehen, redet oder handelt aneinander vorbei. Auch Grenzen müssen wahrgenommen und respektiert werden. Geschieht dies nicht, können schnell Aggressionen entstehen. Der Gefühlszustand bestimmt die Art und Weise, sich zu verhalten, und wie eigene Möglichkeiten genutzt werden. Ist ein Kind häufig unsicher oder ängstlich, wird es seine kreativen Fähigkeiten weniger gut für ein bestimmtes Ziel einsetzen können, sondern viel Energie darauf verwenden müssen, um für seine eigene gefühlsmäßige Sicherheit zu sorgen. Ein Kind dagegen, das selbstbewusst ist und sich sicher fühlt, wird seiner Umwelt weitaus neugieriger und aufnahmebereiter begegnen und dadurch mit deutlich mehr Erfolg Neues lernen können."[16]

6.1 Soziale Fähigkeiten durch Spiele fördern

Wenn Kinder eines gemeinsam haben, dann ist es die Leidenschaft zu spielen. Genau diese Leidenschaft können sich Eltern zunutze machen, um die Sozialkompetenz ihrer Kinder zu fördern. Auf diese Weise fällt es dem Nachwuchs besonders einfach, sich in andere Rollen und Situationen zu versetzen und somit genau zu verstehen, wie sich die unterschiedlichsten Gefühle anfühlen. Eine Möglichkeit ist die sogenannte Gefühlspantomime. Die Übung eignet sich in erster Linie für Kinder im Alter zwischen

[16] Pfeffer, Simone (2019): Sozial-emotionale Entwicklung fördern – Wie Kinder in der Gemeinschaft stark werden, Herder Verlag, Freiburg, S. 15

sechs und zwölf Jahren. Um Gefühlspantomime spielen zu können, sollten mindestens zwei Kinder anwesend sein. Ist dies nicht der Fall, so können auch die Erwachsenen einspringen und den Part der übrigen Kinder einnehmen. Bei Gefühlspantomime geht es darum, Gefühle nur mithilfe von Mimik und Gestik darzustellen, während die restlichen Teilnehmer erraten müssen, um welche jeweiligen Gefühle es sich dabei handelt.

So wird Gefühlspantomime gespielt

Bevor das eigentliche Spiel beginnt, müssen die Eltern zunächst für die entsprechenden Gefühle sorgen. In diesem Fall bedeutet das jedoch lediglich, dass kleine Kärtchen oder Zettelchen gefertigt werden müssen. Auf diesen Kärtchen wird jeweils ein Gefühl aufgeschrieben, welches später anhand von Pantomime erklärt werden soll. Folgende **Begriffe** können Teil des Spiels sein und bei Bedarf je nach individuellen Ideen erweitert werden:

- Angst haben
- Fröhlich sein
- Sich stark fühlen
- Von etwas erstaunt sein
- Traurigkeit
- Neid empfinden
- Wut verspüren
- Ekel empfinden
- Verliebt sein
- Sich schäme

Alle Teilnehmer – egal ob Kinder oder Erwachsene – setzen sich zunächst in einen Halbkreis. Die offene Seite des Kreises darf als Bühne angesehen werden. Dort stellt sich jeweils das Kind oder der Erwachsene hin, der als Nächstes ein Gefühl beschreiben soll. Nun beginnt der erste Teilnehmer damit, eines der vorgefertigten Kärtchen zu ziehen und tritt vor die Gruppe. Um das auf dem Kärtchen beschriebene Gefühl darzustellen, darf er sich nur seiner Hände sowie dem Gesicht bedienen. Die übrigen Kinder und Erwachsenen müssen nun erraten, um welches Gefühl es sich dabei handelt. Selbstverständlich sollten sich die Erwachsenen beim Erraten hin und wieder zurückhalten, schließlich geht es primär darum, den Kindern soziale Fähigkeiten beizubringen und das Ganze mit möglichst viel Spaß zu verbinden. Wer als Erstes errät, um welches Gefühl es sich handelt, darf nun die nächste Karte ziehen und vor die Gruppe treten. Bevor dies geschieht, sollte mit den Kindern zunächst darüber gesprochen werden, woran das jeweilige erratene Gefühl denn erkannt wurde und wie sich andere Menschen fühlen, wenn sie ein solches Gefühl zum Ausdruck bringen. Auch darf ruhig thematisiert werden, ob es für das Kind eher leicht oder doch schwer war, das entsprechende Gefühl zum Ausdruck zu bringen. Weiterhin ist es wichtig, ein gewisses Fingerspitzengefühl zu wahren. Fällt es einem Kind schwer, ein Gefühl darzustellen, so darf ihm zunächst mit einem Tipp geholfen werden, ohne dass dabei Druck ausgeübt wird. Hilft auch der Tipp nicht weiter, so darf das Kind ein neues Kärtchen ziehen und sich an einem anderen Gefühl ausprobieren.

Gefühlspantomime ist aufgrund der teilweise komischen Situation bestens geeignet, um Kinder auf spielerische Art und Weise mit dem Gefühlsleben vertraut zu machen. Dabei lernen sie die Gefühle jedoch nicht nur für sich selbst kennen. Vielmehr hilft es ihnen dabei, die Gefühle ihrer Mitmenschen zu deuten, sie einordnen und darauf eingehen zu können.

6.2 Was mich wütend macht
Ein Spiel für die soziale Wahrnehmung

Insbesondere in jungen Jahren fällt es vielen Kinder sehr schwierig, sich mit Emotionen auseinanderzusetzen. Dabei sind es nicht immer die eigenen Gefühle, die dabei im Vordergrund stehen. Wenn ein Kind wütend oder traurig ist, dann kennt es dafür meist auch den Grund und kann das

Gefühl darauf zurückführen. Bei Gefühlen anderer Kinder sieht es oftmals ganz anders aus. Da das **kognitive Bewusstsein** nicht ausreichend ausgeprägt ist, sind die Gefühle zwar bekannt, doch können die Ursachen dann nicht nachvollzogen oder verstanden werden. Um diese Variante der zwischenmenschlichen Beziehung schon früh zu fördern, eignet sich ein Spiel namens "Was mich wütend macht". Dieses Spiel eignet sich ebenfalls für den Einsatz bei größeren Kindergruppen. Daher empfiehlt es sich, dass mindestens drei Kinder anwesend sind. Im Notfall können auch hier Eltern einspringen, um die Rolle der Kinder zu übernehmen. Bevorzugt sollte das Spiel aber ausschließlich mit Kindern gespielt werden, da sie sich somit auf Augenhöhe begegnen.

Für das Spiel selbst bedarf es keiner besonderen Vorbereitung. Im Kern geht es darum, dass die Kinder nach und nach davon berichten, welche Ereignisse dazu beitragen, dass sie wütend werden und wie sie auf die jeweilige Situation eingehen. Dies können beispielsweise folgende Aussagen sein:

"Ich werde wütend, wenn ...

- ... mich die anderen Kinder nicht mitspielen lassen."
- ... ich in Ruhe spielen möchte, aber meine Eltern mich dabei stören."
- ... ich nicht das Geschenk bekommen habe, das ich mir zum Geburtstag gewünscht habe."
- ...ein anderes Kind böse Dinge zu mir sagt."

Dies alles sind Ereignisse, die fast jedes Kind schon während seiner ersten Lebensjahre erlebt hat. Während alle Kinder nach und nach davon berichten, was sie wütend macht, werden die Kinder feststellen, dass es sowohl Gemeinsamkeiten als auch Unterschiede gibt. Somit wird ihnen bewusst, dass Emotionen wie Wut jeden betreffen, die Gründe dafür jedoch vollkommen unterschiedlich sein können. Sofern sich alle Kinder geäußert haben, sollte danach eine Gesprächsrunde mit ihnen geführt werden. Dabei sollen sie davon erzählen, wie sie in den entsprechenden Situationen mit ihren Emotionen umgehen und ob sie Mittel und Wege haben, wie sie ihren Ärger verarbeiten oder vergessen können. Durch den Austausch der Erfahrungen lernen die Kinder nicht nur, dass sie dieselben Gefühle haben. Sie lernen auch, dass es unterschiedliche Möglichkeiten gibt, etwaige Emotionen zu verarbeiten.

Wer möchte, der kann die neuen Erkenntnisse, die die Kinder auf diese Weise erlernt haben, in der Praxis üben und ein weiteres Spiel nutzen. Beim "Wut-Weg-Spiel" können sie die unterschiedlichen Möglichkeiten ausprobieren, ihrem Ärger Luft zu machen und die Wut zu verarbeiten. Dies ist essenziell für einen sozialen Umgang untereinander, da sich Konflikte nur dann bearbeiten und lösen lassen, wenn die Wut hinter ihnen liegt.

Diese Varianten des "Wut-Weg-Spiels" gibt es

Eltern können im gesamten Haushalt sogenannte Wutzettel verteilen. Alle Personen im Haushalt bedienen sich daran, sofern sie Wut verspüren. Ist dies der Fall, wird ein Zettel genommen, zerrissen oder zerknüllt und in einen vorher festgelegte Wut-Papierkorb geworfen. In gewissen Zeiträumen, die selbst definiert werden können, wird der Korb dann gemeinsam entleert und beispielsweise beim gemütlichen Grillen im Garten verbrannt. So erzeugst Du parallel zum eigentlichen Sinn der Übung sogar noch ein regelmäßiges Ritual, bei dem die ganze Familie zusammenkommt und gemeinsam Zeit verbringt.

Ebenso kann ein einfacher Luftballon ein probates Mittel sein, um die Wut von Kindern abzubauen. Wer wütend ist, der schnappt sich einfach einen Luftballon und bläst diesen so lange auf, bis er platzt und die Wut sich somit im wahrsten Sinne des Wortes in Luft auflöst.

Wie Du vielleicht bemerkt haben wirst, eignen sich etwaige Spiele nur bis zu einem gewissen Alter. Und dennoch besitzen sie ein enormes Lernpotenzial. Bis zu einem Alter von acht Jahren können sie im Grunde immer genutzt werden. Sind Deine Kinder älter, so solltest Du nach Möglichkeit selbst einschätzen, ob sich diese Form der Lernspiele noch für sie eignet. Abhängig ist dies in erster Linie von ihrer persönlichen Entwicklung. Machen sie deutlich, dass sie die Spiele doof oder blöd finden, so sollten sie auch nicht weiter genutzt werden, da dies eine kontraproduktive Wirkung hervorrufen könnte.

6.3 Welche Auswirkungen haben Übungen zur sozialen Kompetenz auf Kinder?

Für den späteren Lebensweg ist es unerlässlich, Kinder frühzeitig mit Gefühlen vertraut zu machen. Dabei geht es in erster Linie nicht nur um ihre eigenen Gefühle. Zwar sollen sie sich auch diesen bewusst werden, doch müssen sie auch in der Lage sein, sie bei anderen Menschen zu deuten. Je nachdem, ob die soziale Kompetenz gut oder mangelhaft ausgeprägt ist, ergeben sich unterschiedlichste Vor- und Nachteile. Mit Blick auf die entsprechenden Nachteile wird besonders deutlich, warum es wichtig ist, dem Nachwuchs unter die Arme zu greifen und im Umgang mit den Mitmenschen zu schulen.

Vorteile

Die Vorteile einer frühzeitig erlernten sozialen Kompetenz wirken sich rasch und auf vielfältige Art und Weise aus. So lernen Kinder sehr früh, wie sie mit Regeln und Konventionen umzugehen haben. Dazu gehört nicht nur, dass ein grundlegendes Verständnis für die Rolle und Wichtigkeit von Regeln generiert wird. Vielmehr tragen regelmäßige Übungen dazu bei, dass Dein Nachwuchs die Bedeutung von Regeln versteht und warum es wichtig ist, sich an diese Regeln zu halten. Ferner sorgt eine frühe Schulung dafür, dass es den Kindern einfacher fällt, Kontakte mit anderen aufzubauen. Zeitgleich lernen sie dabei, wie sie emotionale Situation handhaben sollten, um auch auf ihre Freunde und Freundinnen eingehen zu können. Zu guter Letzt trägt die geförderte Sozialkompetenz dazu bei, dass Kinder in der Lage sind, selbstbewusst zu handeln und mögliche Konflikte auf friedliche Weise zu lösen.

"Die Feinziele sozialer Fertigkeiten können nur erreicht werden, wenn die Betroffenen eine differenzierte soziale Wahrnehmung entwickeln, eine angemessene soziale Urteilsfähigkeit herausbilden und schrittweise ein umfassendes Repertoire an sozialen Handlungsweisen aufbauen. All diese Voraussetzungen basieren auf Lernprozessen, die durch Verhaltenstrainings gezielt gefördert werden können. Selbstverständlich sind in unterschiedlichen Lebensbereichen eines Jugendlichen (z. B. Elternhaus, Freundeskreis, Schule, Ausbildungsplatz) spezifische Fertigkeiten gefordert, die sich im Zuge verschiedener sozialer Erfahrungen zu einer "Lebenskompetenz" ausformen. Unter Lebenskompetenzen lassen sich "Fähigkeiten verstehen, die für positives und günstiges Verhalten benötigt werden, um die Anforderungen des täglichen Lebens zu meistern".[17] Diese Fähigkeiten werden als essenziell für eine positive Entwicklung Jugendlicher betrachtet und umfassen beispielsweise ein positives Selbstkonzept, ein stabiles Selbstwert- und Selbstwirksamkeitsgefühl, ein eigenes Wert- und Normensystem und das Gefühl der Zugehörigkeit zu anderen Menschen mit dadurch entstehenden prosozialen Verhaltensweisen.[18]

---

[17] Mahmoudi, Armin; Moshayedi, Golsa (2012): Life Skills Education for Secondary, S. 1156. In: Life Science Journal, Vol. 9 (2), S. 1155-1158

[18] Guerra, Nancy G.; Bradshaw, Catherine (2008): Linking the Prevention of Problem Behaviors and Positive Youth Development – Core Competencies for Positive Youth Development and Risk Prevention. In: Guerra, Nancy G.; Bradshaw, Catherine (Hrsg.): New Directions for Child and Adolescent, Volume 122, S. 1-17

Lerner, Richard M. et al. (2005): Positive Youth Development Programs, and Community Contributions of Fifth-Grade Adolescents – Findings From the First Wave Of the 4-H Study

Soziale Kompetenzen stellen somit einen wesentlichen Bestandteil von Lebenskompetenzen dar."[19]

Nachteile

Werden die sozialen Kompetenzen von Kindern nicht ausreichend gefördert, so ergeben sich daraus gleich mehrere Probleme. An vorderster Stelle muss ausdrücklich darauf hingewiesen werden, dass der Mensch als solcher mit zunehmendem Alter die Fähigkeit verliert, neue Dinge zu erlernen. Dazu gehören auch sämtliche Komponenten des sozialen Umgangs. Wird es verpasst, Kindern noch während ihrer ersten Lebensjahre wichtige Normen und Werte zu vermitteln, so kann es im späteren Verlauf dazu führen, dass sie diese Eigenschaften niemals für sich entdecken und nutzen können. Das Resultat ist im schlimmsten Fall eine vollständige soziale Isolation, die letztlich mit schwerwiegenden psychischen Erkrankungen enden kann.

Selbstverständlich muss es nicht immer zu etwaigen Ernstfällen kommen. Doch können die Folgen einer mangelnden sozialen Kompetenz dennoch gravierend sein und das restliche Leben des Kindes stark ins Negative beeinflussen. So konnten Studien belegen, dass sozial unterentwickelte Kinder deutlich häufiger zu Aggressionen und Gewalt neigen. Dies ist nicht selten auch mit einem weiteren Symptom mangelnder sozialer Kompetenz verbunden. So fällt es entsprechenden Kindern nebenbei auch sehr schwer, überhaupt Kontakt zu anderen Kindern aufzunehmen. Teils kommt ein solcher Kontakt gar nicht zustande, weil dem Kind das Wissen fehlt, wie es auf andere Kinder zugehen soll. Da es zudem durch seine

---

of Positive Youth Development. In: Sage Publications: Journal of Early Adolescence, Vol. 25 (1), S. 17-71

[19] Jugert, Gert; Rehder, Anke; Notz, Peter; Petermann, Franz (2017): Soziale Kompetenz für Jugendliche – Grundlagen und Training, 9. Auflage, Beltz Verlag, Weinheim Basel, S. 15 f.

aggressive Art weniger Ansehen genießt, kommen auch die anderen Kinder nicht von sich aus auf es zu.

Ein weiterer Effekt ist, dass bestehende Regeln weder akzeptiert noch befolgt werden. Das Kind setzt sich über Werte und Regeln hinweg und stellt diese permanent infrage, sobald es damit konfrontiert wird. Diese Eigenschaft schlägt sich fast immer auch auf die schulischen Leistungen nieder. Die mangelnde Anerkennung von Regeln und Werten führt dazu, dass die Rolle des Lehrers sowie die von ihm gegebenen Aufgaben nicht akzeptiert werden.

Stellen wir nun die Vor- und Nachteile gegenüber, so ergibt sich ein recht deutliches Bild. Während sozial kompatible Kinder sich ohne Mühe an Werte wie Moral oder Pflichtgefühl halten, sind weniger sozial geprägte Kinder oftmals widerspenstig. Nun könnte man noch immer sagen, dass sich letztere Kinder ja noch entwickeln können, doch wird dies mit zunehmendem Alter schwierig. Es gibt keine feste Grenze dafür, doch irgendwann erreicht ein Mensch den Punkt, an dem er kaum noch oder gar nicht mehr in der Lage ist, neue Moralvorstellungen zu entwickeln und soziale Elemente zu verstehen oder diese gar für sich zu entdecken. Umso wichtiger ist es, dass Kindern frühzeitig der Wert von sozialen Fähigkeiten aufgezeigt und bestenfalls sogar vorgelebt wird. Eltern sind die ersten Personen, die die Möglichkeit besitzen, eine entsprechende Entwicklung zu prägen und voranzutreiben. Geschieht dies nicht, so wird es schwerer und schwerer, dem Kind die richtigen Werte und gesellschaftlichen Konventionen verständlich zu machen.

7. DIE ELTERN-KIND-BEZIEHUNGEN

Kinder wachsen immer in einem emotionalen Klima auf. Dabei handelt es sich um jene Gefühle, die sie selbst von ihren Eltern mitbekommen. Dies betrifft sowohl die Gefühle, die Eltern direkt an das Kind weitergeben, aber auch all die Gefühle, die die Elternteile untereinander austauschen und vorleben. Gerade in jungen Jahren sind Kinder und Jugendliche nicht nur empfindlich, was ihr Gefühlsleben angeht, sie nehmen Gefühle auch besonders intensiv wahr und achten verstärkt darauf. Dies ist dem Umstand geschuldet, dass eine der ersten Entwicklungen bei Kindern die Entstehung des Urvertrauens ist. Entscheidend für die vor allem spätere Bindung zwischen Eltern und den Kindern sowie den Fähigkeiten und Werten, die den Kindern vermittelt werden, ist eine intakte **Eltern-Kind-Beziehung**. Sie ist das Fundament einer jeden funktionierenden Familie. Wer sich intensiv darum bemüht, der tut damit nicht nur seinem Kind, sondern der ganzen Familien einen Gefallen. Wer sich hingegen wenig um eine intakte Beziehung bemüht, der gefährdet in erster Linie die emotionale, soziale und psychologische Entwicklung seiner Kinder.

"Unsere Erfahrungen mit unseren Eltern sind durch eine Art doppeltes Erleben geprägt. Wir lernen sozusagen die zwei Seiten einer Medaille gleichzeitig kennen: Einerseits sind wir »Opfer« oder, neutraler ausgedrückt, »Empfänger« der Erziehungsbemühungen unserer Eltern. Andererseits lernen wir auch, wie es ist, »Täter« beziehungsweise »Erziehungsausübender« zu sein, weil die Eltern automatisch auch unser Vorbild sind, wenn wir selbst einmal Kinder haben. Wir spüren beispielsweise als Kind, wie schlimm es ist, von den Eltern beschimpft zu werden, wenn sie uns richtig anmeckern. Trotzdem lernen wir in dieser Situation beiläufig, am Vorbild unserer Eltern, »die Kunst« der Beschimpfung. Beides ist in uns abgespeichert. Unbewusst lernen wir also in einer Doppelstruktur. Auf der einen Seite sind wir als Kind Empfänger der Erziehungsbotschaft unserer Eltern und auf der anderen Seite lernen wir von ihnen zugleich, wie die Elternrolle auszufüllen ist. Als Kinder können wir uns gegen diese doppelte Botschaft nicht wehren. Unsere Eltern sind unser Kosmos, unser erster Einfluss und unsere große Liebe. Und sogar, wenn wir ganz bewusst entscheiden: »Ich mache es NIEMALS wie meine Eltern«, klappt das häufig nur für eine gewisse Zeit. Unter Druck oder in besonders stressigen Situationen verfallen wir in die gelernten Muster. Denn auch wenn wir noch so sehr in den Widerstand gehen, ist diese Doppelprägung in uns verankert und blitzt immer wieder durch. Es kann aber auch passieren, dass wir, im festen Vorsatz, es niemals zu machen wie unsere Eltern, in ein extremes Gegenteil verfallen und hierdurch vielleicht »zu viel des Guten« tun. Fühlten wir uns möglicherweise daheim vernachlässigt, neigen wir in diesem Fall zur Überbehütung unserer Kinder."[20]

Das Erlernen des sozialen Umgangs

Ein liebevolles Umfeld ist während der ersten Jahre die Grundlage für eine erfolgreiche Entwicklung. Innerhalb eines solchen Umfelds lernt das Kind schnell, dass es sich jederzeit mit den anderen Mitgliedern seiner Familie über Erlebnisse, aber auch über Wünsche, Ziele und Ängste austauschen kann. Dabei handelt es sich nicht nur um die Eltern. Bei einer intakten und harmonischen Familie kann dieses Verhältnis mithilfe der richtigen Führung durch die Eltern auch zu Geschwistern hergestellt werden. Das Resultat eines solchen Familienlebens ist vielfältig. Es herrscht

---

[20] Stahl, Stefanie; Tomuschat, Julia (2018): Nestwärme die Flügel verleiht – Halt geben und Freiheit schenken - wie wir erziehen, ohne zu erziehen, GU Verlag, S. 12 f.

ein gegenseitiger Respekt. Dazu gehört, dass jedes Mitglied der Familie gleichgestellt ist und dieselben Rechte und Freiheiten genießen sollte. Darüber hinaus trägt es dazu bei, dass die Zuneigung untereinander gestärkt wird.

"Erziehung ist mehr als nur die mechanische Anwendung von »Techniken« oder »Manipulationen«, um die Kontrolle über einen anderen Menschen zu gewinnen. Vielmehr handelt es sich um eine spezielle Art von Beziehung zwischen einem Elternteil und einem Kind. Diese Beziehung zeigt, was Sie und Ihr Kind verbindet. Sie ist das Ergebnis von allem, was Sie geben und von Ihrem Kind bekommen. Sie bildet sich aus vielerlei gegenseitiger Einflussnahme, die Sie aufeinander ausüben. Die Qualität des Umgangs prägt die Beziehung. Sie als Eltern mögen vorübergehend stärker sein oder unter Benutzung verschiedener »Tricks« die Beziehung kontrollieren, aber wachsender, dauernder Einfluss wird nur durch erfolgreiches Aufeinandereinwirken erreicht, was eine positive Beziehung zur Voraussetzung hat. Dieses Buch präsentiert Informationen darüber, wie Eltern und Kinder sich aufeinander beziehen, wie die Beziehung schiefgehen kann, wie negative Wechselwirkungen zu destruktivem Verhalten bei Kindern führen und wie man solch negativen Kreisläufen (»Teufelskreisen») vorbeugt bzw. sie zum Positiven verändert."[21]

Für uns als Erwachsene scheint dies alles sehr logisch zu sein. Ist es ja schließlich auch. Doch sollten wir auch immer bedenken, dass heranwachsende Kinder und Jugendliche diese Perspektive noch gar nicht haben können. Sie haben auch nur begrenzten Einfluss darauf, wie harmonisch und intakt das Familienleben ist. Diese Aspekte obliegen in erster Linie uns Erwachsenen und deshalb sollten wir es auch als unsere Pflicht

[21] Raser, Jamie (2012): Erziehung ist Beziehung – Sechs einfache Schritte, Erziehungsprobleme mit Jugendlichen zu lösen, Beltz Verlag, Weinheim Basel, S. 14

betrachten, diese wichtigen Parameter für ein funktionierendes Familienleben herzustellen und zu wahren. Kinder reflektieren immer das Verhalten, welches sie in ihren jungen Jahren kennenlernen. In einem familiären Umfeld lernen sie daher auch recht schnell, ihre Gefühle auszudrücken und offen zu kommunizieren – sei es durch Gesten oder mithilfe der Sprache. Diese frühen Erkenntnisse sind nachweislich sehr prägend. Sie werden das Verhalten des Kindes das ganze übrige Leben lang prägen. Bekommt ein Kind beispielsweise schon früh viel Aufmerksamkeit geschenkt, so lernt es dabei vollkommen passiv, dass es wichtig und richtig ist, seinen Mitmenschen zuzuhören. Allein dieser Schritt ist ein wichtiger Aspekt für das spätere Sozialverhalten eines Menschen. Etwas komplizierter wird es, wenn es darum geht, Gefühle untereinander auszutauschen. Dabei handelt es sich nämlich in keiner Weise um ein Verhalten, das uns angeboren ist. Die Fähigkeit, Gefühle vermitteln und austauschen zu können, kann nur erlernt werden. Aus diesem Grund zeigt sich meist auch ein differenziertes Verhalten bei Kindern in der Schule. Mit Sicherheit kennst Du es auch noch von früher: Es gibt die ruhigen Kinder, die aufgeschlossenen Kinder und hin und wieder auch jene Kinder, die durch ihr aggressives Verhalten auffallen. Der Grund für letzteres Verhalten liegt nicht immer darin, dass das Kind unter gewalttätigen Eltern zu leiden hat oder in einem gewalttätigen Haushalt aufwächst. Oftmals ist es einfach so, dass die familiäre Bindung aufgrund unterschiedlichster Faktoren nicht so ausgeprägt ist, wie sie sein sollte. Somit lernen entsprechende Kinder gewisse Werte und Gefühle gar nicht oder nur wenig kennen. Ein Grund, der während der letzten Jahre zunehmend diskutiert wurde, ist das stressige Arbeits- und Alltagsleben der Eltern. Wer beruflich viel eingespannt ist und nur wenig Zeit zuhause oder mit den Kindern verbringt, der erzeugt damit ein großes Problem. Dies ist häufig gar nicht bewusst herbeigeführt, doch ist es dennoch präsent. Ohne die nötige Aufmerksamkeit fehlt dann die Möglichkeit, seine Gefühle mitzuteilen. Auf der anderen Seite werden liebevolle Gefühle dann auch nur selten ausgetauscht. Daher geht ein rüpelhaftes Verhalten in der Schule meist mit der Tatsache her, dass diese Kinder kaum Erfahrungen mit positiven Emotionen haben. Umgekehrt sorgt der Mangel an positiven Emotionen wiederum dafür, dass verstärkt negative Gefühle aufkommen. Wenn Kinder zuhause nicht gewürdigt werden oder kaum Aufmerksamkeit bekommen, dann stimmt sie das traurig und macht sie in gewisser Weise wütend. Letzteres ist besonders dann der Fall, wenn sie feststellen, dass der Umgang in anderen Familien ganz anders ist. Diese angestauten negativen Gefühle leben sie dann in der Schule aus. Wie Du siehst, ist es von Geburt an wichtig, Kindern vor allem die Wertigkeit von positiven Gefühlen und Emotionen zu vermitteln. Dies ist allerdings nur möglich, indem sie sie gezeigt und vorgelebt bekommen. Dabei gilt es festzuhalten, dass viele Gefühle später wenig bis gar nicht mehr erworben werden können, wenn sie nicht bereits im Kindesalter erlernt wurden.

Parallel zur seelischen und psychologischen Abhängigkeit von den Eltern ist auch die körperliche Ebene von entscheidender Bedeutung. Neugeborene haben selbstverständliche unterschiedliche Bedürfnisse, die sie selbst nicht stillen können. Sie stehen in einer direkten Abhängigkeit zu den Eltern. Dabei geht es nicht um die bereits angesprochenen psychologischen Aspekte und Auswirkungen. Auch die körperliche Abhängigkeit ist tatsächlich da und sollte aus diesem Grund von Eltern ganz bewusst befriedigt werden. Sicherlich kann man ein Neugeborenes oder kleine, heranwachsende Kinder einfach nur füttern. Dabei verpasst man jedoch eine wesentliche Chance, dem Kind Nähe und Geborgenheit zu schenken. Die körperliche Nähe sollte nicht immer, dafür aber regelmäßig ausgelebt werden. Ob beim Füttern oder beim Spielen – Kinder benötigen diese regelmäßige körperliche Nähe, um sich geborgen zu fühlen. Auch aus diesem Umstand entwickeln sie bereits frühzeitig erste emotionale Beziehungen. Zwar nehmen sie diese noch nicht bewusst wahr, doch prägen sich diese ein. Darüber hinaus beeinflussen sie die emotionale und soziale

Entwicklung von Kindern und Jugendlichen bis in das Erwachsenenalter hinein.

"Liebevolle elterliche Führung macht die Eltern-Kind-Beziehung stabil, sicher und stark. In einer Zeit wie heute, in der sich die Beziehungen zwischen Kindern und Erwachsenen verändern, ist es umso wichtiger, dass Eltern ihren Kindern Zugehörigkeit, Geborgenheit und Wachstumsmöglichkeiten geben und sie vor körperlichem und seelischem Schaden beschützen.
So verhelfen sie ihren Kindern zu der seelischen Stabilität, die sie für ihr weiteres Leben brauchen. Natürlich haben Eltern einen Einfluss auf ihre Kinder, aber der ist nicht so groß, wie ihn die meisten gern hätten. Und Eltern, die meinen, mehr erziehen hilft mehr, oder die der Idee anhängen, Kinder mit Druck verwandeln zu können, erreichen sogar selten, was sie beabsichtigen - und die Eltern-Kind-Beziehung leidet."[22]

[22] Voelchert, Mathias (2017): Liebevolle elterliche Führung – Das Praxisbuch, Beltz Verlag, Weinheim Basel, S. 14

So beginnt die Eltern-Kind-Beziehung

Die Natur ist voller Wunder und Feinheiten, durch die wir erst zu dem werden können, was wir heute sind. Um uns vor äußeren Schwierigkeiten zu schützen, entwickeln wir bereits während der Schwangerschaft eine erste Beziehung zur Mutter sowie der Umgebung, in der sie sich befindet. Bereits die Stimmen der Familienmitglieder werden noch im Bauch der Mutter aufgenommen und unterbewusst gespeichert. Auf diese Weise gewöhnen wir uns frühzeitig an jene Menschen, die uns später durch das Leben begleiten sollen. Diese erste Bindung wird kurz nach der Geburt um ein Vielfaches intensiver.

Wenige Tage nach der Geburt, also im frühesten Säuglingsalter, sind Kinder noch nicht in der Lage, ihre Umwelt vollständig nachzuvollziehen oder sie überhaupt wahrzunehmen. Zu viele Wahrnehmungen sind an diesem Punkt noch nicht ausreichend ausgeprägt. Weder das Sehen noch das Hören ist ausgeprägt. Auch die Motorik lässt noch zu wünschen übrig und wird im Allgemeinen als sehr unbeholfen bezeichnet. Obwohl so viele Fähigkeiten in diesem frühen Stadium des Lebens fehlen, ist bereits eine enge Bindung zwischen Mutter und Kind entstanden. Auch die Verbindung zum Vater wird recht schnell aufgebaut, doch die Verbindung von Mutter und Kind ist einzigartig in ihrer Ausprägung. In dieser Phase seines noch jungen Lebens ist besonders eine Eigenschaft besonders ausgeprägt. Säuglinge sind bereits in der Lage zu fühlen, auch wenn man es kaum glauben mag. Dabei ist der Säugling noch gar nicht in der Lage, bewusst zu denken und Situationen wahrzunehmen. Sein Alltag variiert zwischen unterschiedlichen Zuständen wie Müdigkeit, Zufriedenheit oder Neugier. Das bewusste "Ich" ist bei Weitem noch nicht vorhanden oder gar ausgeprägt. Damit sich jedoch genau dieser Aspekt des menschlichen Seins entwickeln kann, ist ein behütetes Umfeld unabdingbar. Die Nähe der Eltern, insbesondere die Nähe zur Mutter, ist die Grundlage dafür, dass Grundbedürfnisse gestillt werden und sich das "Ich" ausprägen kann.

Die Fachsprache bezeichnet diesen Einfluss der Nähe auf die Entwicklung auch als die "Unterstützungsfunktion der Umwelt auf den Säugling". Der Begriff definiert dabei die Tatsache, dass der Säugling ohne Wenn und Aber darauf angewiesen ist, die Unterstützung der Eltern zu bekommen, um überhaupt überleben zu können. Diese Unterstützungsfunktionen sind übrigens tief in uns verankert. Selbst Menschen, die bisweilen als sehr kühl und distanziert gelten, verändern urplötzlich ihr Verhalten, sobald sie Eltern werden. Zu diesen uns angeborenen Urinstinkten gehört beispielsweise die Fürsorge oder Schutzmechanismen, auf die wir automatisch zurückgreifen, wenn sich das Neugeborene durch sein Schreien bemerkbar machen. In den meisten Fällen reicht die Tonlage der Schreie oder die Mimik aus, und viele Eltern wissen instinktiv, was der Nachwuchs in diesem Moment verlangt. Aufgrund dieser engen Verbindung, und mag sie noch so unbewusst sein, sind die ersten Wochen im Leben eines Neugeborenen so wichtig für seine spätere persönliche, soziale und psychologische Entwicklung. Wird das sogenannte **Urvertrauen** hingegen nicht ausreichend aufgebaut, so werden sich die Folgen dieses Mangels bis ins Erwachsenenalter ausprägen und die Entwicklung sowie die soziale Verträglichkeit darunter leiden. In einigen Fällen wurden gar Belastungssituationen bei entsprechenden Kindern nachgewiesen, die letztlich dazu geführt haben, dass der Bezug nicht nur zu sich selbst, sondern auch zur gesamten Umwelt daran verloren gegangen ist.

7.1 Die Eltern-Kind-Beziehung entwickelt sich spürbar im Verlauf von Etappen

Inwiefern die Eltern-Kind-Beziehung in den frühen Monaten und Jahren ein Kind prägt, zeigt sich in der Regel erst in späteren Lebensabschnitten. In der Altersspanne von drei bis sechs Jahren sind zunächst einmal alle wesentlichen sowie notwendigen körperlichen Funktionen ausgebildet. Damit ist der körperliche Entwicklungsprozess selbstverständlich noch lange nicht abgeschlossen. Der Körper wächst, die Muskulatur bildet sich zunehmend aus und auch die motorischen Fähigkeiten werden nach und nach besser. Sofern die vollständige Kontrolle der Motorik erlangt wurde, ist auch eine der Grundvoraussetzungen für den Eintritt in die Grundschule geschaffen. Doch nicht nur das. Auch die Persönlichkeit entwickelt sich. Da dabei viele Veränderungen eintreten, ist noch immer eine enge Bindung zwischen Eltern und Kind von enormer Bedeutung. Denn nun lernt der Nachwuchs immer mehr über sich selbst und seine Umwelt. Insbesondere die Unterschiede werden immer deutlicher. Hierzu gehört auch das Erkennen der eigenen sexuellen Identität und der Tatsache, dass es Unterschiede zwischen Jungen und Mädchen gibt. Auch Themen wie Gefühle werden zunehmend präsenter. Liebe, Trauer oder auch Verluste spielen mittlerweile eine Rolle. Um solche Veränderungen und neue Gefühle verarbeiten und einordnen zu können, bedarf es der Hilfe von Bezugspersonen. Und auch wenn sich zunehmend Spielgefährten und Freunde auftun, so sind diese **Bezugspersonen** noch immer die Eltern. Daher sollte es für Dich in diesem Alter Deines Kindes ganz wichtig und selbstverständlich sein, dass Du entsprechende Gefühle mit Deinem Kind besprichst. Nur so lernt es, wie die Gefühle einzuordnen sind, wo sie herkommen und was sie bedeuten. Auch der Umgang damit sollte ihnen erklärt werden. So darfst Du Deinem Kind auch ruhig sagen, dass Trauer ein ganz normales Gefühl ist, das im Laufe der Zeit aber auch wieder nachlässt.

Im Alter von **drei bis sechs Jahren** sind Kinder darüber hinaus sehr **anfällig für weitere Veränderungen**. Bis zu einem gewissen Punkt haben sie die Welt um sich herum auf spielerische Weise entdeckt und kennengelernt. Spätestens mit der Einschulung ändert sich dies jedoch. Das Leben der Kinder gewinnt damit an Tiefe und besteht nun nicht mehr nur aus Spielen. Während viele Kinder mit dieser Umstellung mühelos umgehen, können andere Kinder sehr daran zu knabbern haben. Umso wichtiger ist es, dass Eltern diese Situation erkennen und sie richtig einordnen. Es gilt, dem Kind zu erklären, dass sich sein Leben nicht so radikal verändern wird, wie es im ersten Moment den Anschein haben mag. Dies ist übrigens auch einer der Gründe, warum der Unterricht in der ersten Klasse meist auch auf wenige Stunden pro Tag begrenzt ist. Der Übergang aus der Vorschulzeit soll nicht so radikal sein. So bleibt den Kindern ausreichend Zeit, um nach der Schule zunächst die Hausaufgaben zu erledigen und sich anschließend wieder dem Spielen zu widmen.

Sobald das Kind eingeschult und geprägt durch die Eltern sozial aufgeschlossen ist, definiert es seine Beziehungen auf eine neue Art und Weise. In der Schule gibt es viel mehr Kinder als noch in der Kindergartengruppe. Es filtert eigenständig andere Kinder heraus, dessen Art und Wesen seinen Vorstellungen entspricht und versucht, sich mit ihnen anzufreunden. Auch in den heimischen vier Wänden werden erste Veränderungen sichtbar. Im Verlauf der ersten Lebensjahre sind beide Elternteile gleichwertig und die Menschen, die dafür sorgen, dass es einem gut geht und man behütet und beschützt aufwächst. Doch ab etwa sechs Jahren definiert das Kind seine Rolle innerhalb der Familie neu und sucht sich ein Vorbild. In der Regel ist es dann so, dass Mädchen ihre Mutter als Vorbild wählen, während Jungen eher zum Vater hinaufschauen und diesem nacheifern wollen. Diese Veränderung des **Rollenprinzips** sollte als wichtig angesehen werden. Denn nun befinden sich die Kinder in einem Stadium, in welchem sie die Erwachsenen in ihrer Vorbildfunktion beobachten. Das bedeutet daher auch, dass sie sich vermehrt darum bemühen, sich viel von ihrem Vorbild abzuschauen. Dabei nehmen sie auch eine Vielzahl an Verhaltensweisen auf. Entsprechend solltest Du darauf achten, stets ein gutes Vorbild abzugeben. Andernfalls kann es sogar sein, dass Du selbst dafür verantwortlich bist, wenn sich Dein Kind schlechte Angewohnheiten oder Verhaltensweisen von Dir abschaut.

Viele Eltern sind sich der Situation durchaus bewusst, dass sie nunmehr als Vorbild angesehen werden und treten ihrem Kind gegenüber entsprechend auf. Einerseits erfüllt es uns mit Stolz, wenn der Nachwuchs sich an uns orientieren möchte, andererseits verfügen wir auch über einen großen Wissensschatz, um vieles zu erklären. Doch Kinder sind in diesem Alter tatsächlich nicht nur aktive, sondern auch stille Beobachter. Sie nehmen auch Dinge wahr, die sich zwischen den Eltern abspielen. Streitigkeiten kommen auch in den besten Familien vor. Doch sollten sie niemals vor den Kindern ausgetragen werden. Diese Aussage klingt zunächst sehr pauschal, doch gerade aufgrund der Vorbildfunktion sollte sie sehr ernst genommen werden. Schließlich wird sich ein Kind, dass in einem Elternteil ein Vorbild sieht, auch in solchen Situationen an dessen Handlungen orientieren. Dies gilt es jederzeit zu bedenken. Wann immer Kinder dieses Alters um Dich herum sind, nehmen sie meist mehr wahr, als Du Dir vorstellen kannst. Agiere daher immer vorsichtig und versuche, Dich auch dann wie ein Vorbild zu benehmen und moralischen Werten sowie Regeln zu folgen, wenn Dein Kind vermeintlich nicht in der Nähe ist.

7.2 Das Grundschulalter
Die Kinder werden flügge

Mit dem Beginn des ersten Schultages ändert sich für Kinder eine ganze Menge, wie wir bereits besprochen haben. Doch auch aus Perspektive der Erziehung treten nun erstmals gravierende Änderungen auf. Die Erziehung liegt nun nicht mehr allein in den Händen der Eltern. Vielmehr ist es der Klassenlehrer, der über viele Stunden des Tages hinweg die Erziehung übernimmt. Gleichzeitig entsteht auf diese Weise eine neue Bezugsperson im Leben des Kindes. Neue Bezugspersonen zu gewinnen, ist einerseits ein wichtiger Schritt in Richtung Selbstständigkeit und auch eine Entwicklung bezüglich der sozialen Fähigkeiten. Trotz allem darf dabei nicht vergessen werden, dass das Kind ab diesem Moment lernen muss, auch ohne die elterliche oder familiäre Unterstützung zurechtzukommen. Damit verbunden sind auch jene Situationen, in denen neue Gefühle geweckt werden. Zum ersten Mal ist das Kind nun auf sich selbst gestellt. Nach und nach muss es dabei lernen, dass seine Leistungen von ihm selbst abhängen und es nicht immer auf die Hilfe der Eltern bauen kann.

Um diese neue Situation nicht zu intensiv und überraschend kommen zu lassen, solltest Du selbst aktiv werden. Nicht jedes Kind freut sich darüber, wenn es plötzlich zur Schule muss und dabei von den Eltern getrennt ist. Eine sensible Vorbereitung kann den Einstieg in den schulischen Alltag jedoch deutlich vereinfachen. Nimm Dir Dein Kind einfach einmal bei Seite und erkläre ihm ganz ruhig, was sich in Zukunft verändern wird. Erkläre dabei selbstverständlich auch, was die Schule eigentlich ist und warum sie so wichtig für die menschliche Entwicklung ist. Hierfür kannst Du Dich Deiner eigenen Geschichte bedienen. Nehmen wir für dieses Beispiel einfach einmal an, Du wärst von Beruf Tierarzt. Ohne eine schulische Ausbildung inklusive des nachfolgenden Studiums ist es nicht möglich, diesem Beruf nachzugehen. Formuliere daher ein entsprechendes Beispiel für Dein Kind. Frage es, was es später einmal werden möchte. Ob nun Lokführer, Polizist oder eben Tierarzt: Bringe Deinem Kind schonend bei, dass der Besuch der Schule sowie guten Noten wichtig sind, um den Traumberuf erlernen zu können. Beschäftige Dich darüber hinaus intensiv mit dem Thema und frage Dein Kind nach seinen Erwartungen in der Schule und welche Ängste es vielleicht auch hat. Du kannst auch weitere Optionen nutzen, um den Einstieg in den Schulalltag einfacher zu gestalten. Geht gemeinsam den Weg von Zuhause bis hin zur Schule ab und zeige Deinem Kind schon einmal die Schule und das Schulgelände. Auf diese Weise wird es am ersten Tag mit weniger neuen Eindrücken und Reizen konfrontiert. Auch wenn es aus unserer Sicht unnötig erscheinen mag, vor der Schule Angst zu haben, so sollte stets der entwicklungspsychologische Aspekt im Auge behalten werden. Kinder werden immer von ihren Eindrücken gesteuert. Die kognitive Wahrnehmung kann dabei jedoch nicht alle erfassen. Je mehr Eindrücke in der Schule dafür sorgen, dass das Kind abgelenkt ist, weil es sich beispielsweise mit Ängsten plagt, desto weniger kann es bewusst dem Unterricht folgen. Zudem wird es offener und freundlicher auf seine Mitschüler zugehen, wenn es keine Angst vor der Schule hat. Im besten Fall sind die sozialen Fähigkeiten aufgrund Deines Zutuns sogar so gut ausgeprägt, dass Dein Spross anderen Kinder dabei hilft, sich an den ersten Tagen im neuen Umfeld der Schule zurechtzufinden.

7.3 Mit diesen Tipps kannst Du die Beziehung zwischen Dir und Deinem Kind verbessern

So sehr sich Eltern auch anstrengen, nicht immer ist dies eine Garantie für eine gesunde und gute Beziehung zwischen ihnen und ihren Kindern. Dies liegt vor allem an dem Umstand, dass Kinder mit zunehmendem Alter ihren eigenen Weg gehen. In jungen Jahren sind sie häufig noch anhänglich und nehmen die Eltern mehr und mehr als Vorbilder wahr. Doch mit

Eintritt in die **Pubertät** verändert sich für die dann bereits Jugendlichen vieles. Darunter kann auch die Beziehung untereinander leiden. Die Jugendlichen verfolgen nun eigene Ziele und bilden sich vermehrt eigene Ansichten, welche bei Weitem nicht immer mit den Ansichten der Erwachsenen einhergehen. Oftmals kommt es dadurch auch zum Streit. Viele Eltern fühlen sich in etwaigen Situationen dann überfordert und reagieren, zum Teil auch aus Frust, mit Strafen oder negativen Kritiken oder Worten. Um die Beziehung wieder zu reparieren, ist allerdings ein gegenteiliges Handeln erforderlich. Anstelle den Konflikt zu suchen, sollten Eltern ihre Perspektive ändern und die Ursachen für den entstandenen Zwist gemeinsam mit ihren Kindern aufarbeiten. Sofern Eltern stur auf ihre eigene Meinung pochen, weil sie ja aus Erfahrung sprechen, wird sich an der Beziehung zwischen ihnen und dem Nachwuchs kaum etwas ändern. Elisabeth Raffauf beschreibt diese Situationen wie folgt:

> "Viele Eltern und auch Erziehungsexperten haben das Gefühl: Wenn die Kinder in der Pubertät sind, dann ist die Erziehung »gelaufen«. Jugendliche kann man nicht mehr erziehen. Ich bin da anderer Meinung. Eltern werden sehr wohl noch als Erzieher und präsente Begleiter in dieser Zeit gebraucht. Nur: Der Erziehungsstil wandelt sich im guten Fall. Eltern werden immer mehr dazu übergehen, zu verhandeln. Es wird mehr diskutiert, mehr ausgehandelt, und es ist gut, wenn Eltern sich als Diskussionspartner bereithalten. Und zwar als Diskussionspartner, die auch den Mut haben, eine Meinung zu vertreten, die in den Augen der Jugendlichen nicht so populär ist. So können die Jugendlichen sich orientieren, und sei es, um eine Haltung vorzufinden, von der sie sich abgrenzen können und sicher sind: So möchte ich es nicht machen."[23]

[23] Raffauf, Elisabeth (2011): Pubertät heute – Ohne Stress durch die wilden Jahre, Beltz Verlag, Weinheim Basel, S. 6

Aus Deiner Perspektive als erwachsener Mensch mag das Verhalten Deines Kindes unverständlich sein. Vielleicht macht es Dir auch Angst und Du stellst Dir die Frage, ob das Verhalten Deines Kindes überhaupt normal ist. Nicht selten gesellt sich die Frage hinzu, was man denn bei der Erziehung falsch gemacht haben könnte. Als Folge dieser Gedankenmuster reagieren viele Eltern dann falsch und greifen nicht selten zu drastischen Bestrafungen. Dabei folgt der Jugendliche nur ganz natürlichen Trieben. Auch in der Natur ist irgendwann der Punkt gekommen, an dem sich ein Tier von den Eltern oder der Herde löst, um seinen eigenen Weg zu gehen. Diesen Prozess gibt es auch bei uns Menschen. Auch wenn es vielleicht hart klingen mag, aber der Vorgang lässt sich sogar in nur einem Wort zusammenfassen: Selbstständigkeit. Die Selbstständigkeit ist letzten Endes das Ziel eines jeden Heranwachsenden. Dabei entwickeln sich Ziele, Wünsche und Pläne. Doch geraten wir in dieser Zeit auch manchmal unter Beschuss. Denn nicht alles läuft so, wie wir es uns vorgestellt haben. Die erste Beziehung geht in die Brüche, Liebeskummer kommt auf oder gesetzte Ziele werden verfehlt. Dass ein wachsendes und sich entwickelndes Individuum diese Dinge verarbeiten muss, ist mehr als selbstverständlich.

Natürlich sind auch Deine Ängste als Elternteil nicht gänzlich unbegründet. Unter dem Strich möchtest Du nur weiterhin das tun, was Du all die Jahre getan hast: Du möchtest Dein Kind beschützen und behüten. All diese Ängste und Fragen sollten, sofern nicht der Verdacht auf psychische Erkrankungen wie Depressionen vorliegt, jedoch ruhig und gelassen betrachtet werden. Versetze Dich für einen Moment in die Zeit zurück, als Du selbst in der Pubertät warst. Auch Du hast Dich während dieser Zeit enorm entwickelt – sowohl körperlich als auch geistig. Dass wir uns emotional von den Eltern abkapseln und eigenen Idealen hinterherjagen, gehört zum Erwachsenwerden dazu. Einen richtigen Weg, um auf Kinder während der Pubertät zu reagieren, gibt es wahrscheinlich gar nicht. Doch gibt es einige Fehler, die Eltern um jeden Preis nicht begehen sollten.

Bestehe nicht auf eine enge Bindung

Jugendliche sind ein Stück weit immer auf der Suche nach sich selbst. Sie wollen Grenzen austesten, sich entwickeln und müssen zeitgleich auch noch mit vielen ungewollten sowie ungewohnten Veränderungen umgehen. Aus diesem Grund ist es wichtig, ihnen Freiräume zu lassen. Sogenannten bindende Eltern schnüren ihre Kinder auch während der Pubertät noch immer regelrecht ein, obwohl sie genau jetzt ausreichend Freiraum benötigen. Die gewünschte Bindung führt bisweilen sogar dazu, dass entsprechende Eltern sogar versuchen, ihrem Kind auf Teufel komm raus auf Augenhöhe zu begegnen. Sie beginnen damit, sich wie der Nachwuchs zu kleiden oder dieselbe Musik zu hören. In einigen Fällen versuchen sie sogar, sich mit den Problemen der Jugendlichen zu identifizieren. Etwaige Muster sind allerdings kontraproduktiv. Es gilt zu verstehen, dass Jugendliche genau das Gegenteil, also möglichst viel Freiraum benötigen. Das bedeutet andererseits nicht, dass deshalb kein wachsames Auge da sein sollte. Aber sofern keine negativen Tendenzen zu erkennen sind, sollen sich Jugendliche ruhig ihren eigenen Weg suchen und diesen allein beschreiten, wenn sie es möchten. Sofern sie Hilfe benötigen, werden sie mit ihrem Anliegen dann sicherlich auch wieder zu den Eltern kommen.

Verstoße Dein Kind nicht aufgrund seiner Veränderung

Rebellische Jugendliche können während der Pubertät wirklich nur schwer auszuhalten sein. Insbesondere wenn ihre Laune zwischen gut und schlecht oder gar ablehnend hin und her pendelt, kann dies Nerven kosten. Entscheidend ist in einer solchen Situation in erster Linie aber nicht die Gefühlslage der Eltern, sondern die der Kinder. Sie haben ausreichend mit sich selbst und ihrer Entwicklung zu kämpfen. Hin und wieder kommt es dadurch auch zum Streit mit den Eltern. Ein gutes Beispiel hierfür sind die Zeiten, zu denen das Kind zuhause zu sein hat. Um sich mit Freunden zu treffen, soll eine Zeit ausgemacht werden. Die vorgeschlagenen 20 Uhr sind dem Nachwuchs jedoch nicht genug. "22 Uhr sollte schon drin sein." So oder so ähnlich laufen viele Streite ab. Häufig gipfeln sie darin, dass die Erwachsenen nicht nachgeben und das Kind erst später als vorgegeben wieder zuhause erscheint. Aus lauter Frust und Ärger gibt es dann auch jene Eltern, die ihre Kinder daraufhin mehr oder weniger ausstoßen. Frei nach dem Motto "Mach doch, was du willst" werden sie dann sich selbst überlassen. Auch dieser Weg ist falsch. Selbst wenn es nicht den Anschein hat, so brauchen Kinder auch während ihrer Selbstfindungsphasen das Gefühl, dass sie zuhause in Sicherheit und geborgen sind. Wenn Eltern ihnen dieses Gefühl durch ihr Verhalten nehmen, dann können sie im schlimmsten Fall sogar psychische Probleme auslösen. Es sollte niemals vergessen werden, dass Jugendliche in diesem Alter nicht grundlos ihr Verhalten ändern, sondern einen natürlichen Vorgang durchlaufen – selbst wenn dieser aus Perspektive der Erwachsenen nicht immer richtig und nachvollziehbar erscheint.

"Wie war das damals in der Pubertät mit dem Erwachen der neuen Möglichkeiten? Irgendwie war es auch eine Geburt, die Geburt eines Erwachsenen aus dem Kind. Auch wenn sich diese Wandlung über mehrere Jahre hinstreckt, so ist die Austreibungsphase doch recht kurz. Danach ist alles anders. Ein Zurück will hier auch keiner mehr. Die Veränderung des Kindes hin zum Erwachsenen ist eine der großen Wandlungen des menschlichen Weges. Es treten starke Kräfte auf. Es gibt Reibungen, Ahnungen und Sehnsüchte, Auseinandersetzungen, Ausblicke und Erfüllungen, auch Erlebnisse des Scheiterns. Es werden Fehler gemacht und es wird Leid erzeugt. Auch daran erinnert sich der ältere Mensch. Einige Augenblicke zählt man zu den Höhepunkten des Lebens, andere Situationen möchte man lieber nicht noch mal erleben. Natürlich würde man manches heute anders machen, schließlich hat man jetzt Lebenserfahrung. Oder doch nicht? Es war wie es war. Im Nachhinein ist nichts mehr zu ändern. Tja, wenn man damals mehr gewusst hätte. Und jetzt sind die eigenen Kinder schon so weit. Nicht mehr lange, dann sind auch sie erwachsen. Sie sollen nicht dieselben Fehler machen müssen, andere vielleicht, aber nicht dieselben. Aber wie erkläre ich es meinem Kinde? Kann man den Kindern wirklich etwas erleichtern? Kann man ihnen etwas ersparen? Jeder hat doch sein eigenes Schicksal. Schon die alten Griechen sagen: Das Schicksal kann man nicht verändern! Doch auch die Veränderung, das Dazulernen und die rechtzeitige Einsicht gehören zum Schicksal. Sie als Eltern, Ihre Kraft, Ihr Wissen und Ihre Weisheit gehören zum Schicksal Ihrer Kinder. Heute kann man anders mit den Jugendlichen sprechen als früher. Eltern können dazu beitragen, dass die Störungen der Pubertät, dieser jahrelangen Schwangerschaft des Neuen, vorübergehen und der Start Ihrer Kinder ins erwachsene Leben gelingt. Es ist ein Grundbedürfnis, dass das Leben sich fortpflanzt und es gut weitergeht. Wenn bei den Jungen Schwierigkeiten auftauchen, sind auch die Eltern beeinträchtigt, wollen alles tun, was in ihrer Macht steht, damit das Problem gelöst wird und alle Beteiligten der Zukunft wieder froh entgegenblicken können."[24]

---

[24] Rauscher, Karl-Heinz (2004): Jugendliche verstehen – Konflikte lösen, Herder Verlag, Freiburg, S. 12 ff.

Vermeide Auseinandersetzungen

Das Konfliktpotenzial bei Jugendlichen ist generell sehr groß. Allein aus diesem Grund ergibt es keinen Sinn, sich in endlose Diskussionen oder Streits zu verzetteln. Stattdessen solltest Du versuchen, beruhigend auf Dein Kind einzuwirken und das Problem bei der Wurzel zu packen. Sobald sich beide beruhigt haben, kannst Du ruhig einen Anlauf unternehmen und erneut das Gespräch suchen. Gib Deinem Kind dabei in erster Linie das Gefühl, dass es dabei um seine Bedürfnisse geht und nicht um Deine. Die Aufarbeitung von Konflikten ist laut Psychologen der beste Weg, um die Eltern-Kind-Beziehung auch nach heftigen Streiten während der Pubertät wieder in ein gutes Verhältnis zu rücken.

8. GESCHLECHTERUNTERSCHIEDE
IN DER ENTWICKLUNGSPSYCHOLOGIE

Mit Blick auf die psychische Entwicklung von Kindern und Jugendlichen zeigen sich die meisten geschlechtsspezifischen Veränderungen und Verhaltensweisen erst mit Einsetzen der Pubertät. Zwar sind Kinder bereits im Vorschulalter in der Lage, zwischen Jungen und Mädchen zu unterscheiden, doch viel Einfluss hat das auf ihr Verhalten zunächst nicht. Ein Aspekt, der in diesem Zeitraum häufig zu beobachten ist, ist die Abgrenzung der beiden Geschlechter aufgrund von Interessen. Jungen suchen sich andere Jungen als Bezugspersonen und spielen mit ihnen Cowboy und Indianer oder Fußball, während sich die Mädchen meist dem Spielen mit Puppen oder dem Verkleiden widmen. In puncto Verhalten zeigen sich dabei so gut wie keine Unterschiede. Selbst mit Blick auf Konflikt- oder Aggressionspotenzial gibt es im Vorschulalter kaum einen Unterschied zwischen beiden Geschlechtern.

Dass Kinder sich ihres Geschlechts bewusstwerden, ist allerdings keine biologische Vorgabe und wird auch nicht ohne Weiteres durch Eltern an die Kinder vermittelt. Selbst wenn entsprechende Gespräche zwischen Eltern und Kindern stattfinden, geschieht das Erkennen des eigenen Geschlechts in einem Alter, in dem weniger die äußeren Einflüsse als vielmehr ein Gruppenprozess dafür verantwortlich gemacht werden kann. Die Kinder lernen also aus der Gesamtheit des Umfeldes und den dabei gemachten Erfahrungen, welches Geschlecht sie haben. Die gesellschaftlichen Umgangsformen tun dabei ihr Übriges und definieren gewisse Verhaltensmuster oder -vorschriften. Unterbewusst finden sie sich dann auch in Gruppen gleichen Geschlechts wieder, da sich ihre Interessen eher miteinander überschneiden.

Mit Blick auf die psychologische Entwicklung von Kindern werden die Geschlechtsunterschiede erst mit Beginn der **Pubertät** interessant. Neben einer Vielzahl von körperlichen Veränderungen geht diese Phase auch mit großen Abweichungen in puncto Sozialverhalten einher. Der Zeitraum der Pubertät kann von Kind zu Kind variieren. Die Fachwelt spricht heutzutage von einem Zeitraum, der sich über ein Alter von zehn bis 18 Jahren erstrecken kann. Dieser Zeitraum lässt sich grob in drei Phasen unterteilen. Eine jede Phase beinhaltet dabei unterschiedliche körperliche Veränderungen sowie das psychische und soziale Erleben. Daraus resultiert fast immer auch eine deutliche Änderung im Verhalten eines jeweiligen Kindes. Inwieweit und vor allem in welche Richtung sich das Verhalten ändert, kann dabei vollkommen unterschiedlich sein. Aus diesem Grund ist es auch ratsam, dass sich Eltern intensiv mit dem Thema beschäftigen. Zwar haben sie selbst die Pubertät erlebt, doch kann das eigene Erlebnis dabei weit von dem der eigenen Kinder abweichen. Wer sich über die unterschiedlichen psychischen und sozialen Verhaltensmuster informiert, der kann eher verstehen, warum sich sein Kind in der Pubertät so verhält.

"Man kann nicht grundsätzlich erwarten, dass sich der Mensch willentlich auf jedes sich bietende Abenteuer stürzt, zumal, wenn der sichere Ausgang nicht garantiert werden kann. Wie lässt sich dennoch erreichen, dass Individuen immer wieder neue Lebensumstände erproben, sich daran anpassen und damit bestmögliche Überlebensstrategien für die menschliche Gattung finden? Die Natur hat dafür folgendes Rezept gefunden: Man nehme eine Lebensphase - nämlich die Pubertät -, die geprägt ist von Individualisierung (Ich-Bezogenheit), gepaart mit Infragestellen des Althergebrachten, bei gleichzeitig stattfindendem Umbau des Kontrollorgans, nämlich des Gehirns. Damit der Drang zum Austesten und Experimentieren auf jeden Fall sichergestellt ist, legt die Natur die Messlatte für das Glücksgefühl in dieser Lebensphase etwas höher, das heißt, die Empfindlichkeit für das Glückshormon (Dopamin) wird heraufgesetzt - es braucht deutlich mehr Dopamin, um ein Glücksgefühl, den »Kick«, zu entwickeln. Hier spielt ganz entscheidend das sogenannte Belohnungszentrum eine Rolle. Jugendliche in der Pubertät sind bereit, höhere Risiken einzugehen, um ein positives Gefühl hervorzurufen. Dass dieses Experimentierverhalten nicht zur unkontrollierten Selbstgefährdung, sondern zu Risikokompetenz, die wichtig und notwendig für den Fortbestand der Menschheit ist, führt, dafür ist dann allerdings nicht mehr die Natur, sondern das jeweilige Umfeld zuständig. Die Natur bietet »nur« die optimierten Voraussetzungen, bestimmte Verhaltensweisen auszuprobieren. Das jeweilige Umfeld ist für den Rahmen (Toleranzbereich) verantwortlich, in dem sich dies alles abspielt. Nicht die Natur des Menschen, sondern auch sein Umfeld bestimmt also maßgeblich die Richtung seiner Entwicklung!"[25]

Die erste Phase der Pubertät

Die erste Phase der Pubertät tritt **meist im Alter von zehn bis zwölf Jahren** ein. Typische körperliche Veränderungen sind in erster Linie der Stimmbruch bei Jungen, die erste Menstruation bei Mädchen sowie das Wachstum der Schambehaarung bei beiden Geschlechtern. Auch die Hormonproduktion sowie die Adrenalinausschüttung steigen während dieser Phase häufig an. Aufgrund dieser Veränderung treten bei beiden Geschlechtern gleichermaßen psychische Veränderung in Kraft. So geht die

[25] Stier, Bernhard; Höhn, Katja (2017): Abenteuer Pubertät, Kösel-Verlag, München, S. 19

einsetzende Pubertät meist mit einem verstärkten Schamgefühl einher. Vor allem Mädchen verschließen dann häufig die Tür zum Zimmer oder zum Badezimmer, weil sie sich noch nicht mit den körperlichen Veränderungen abgefunden haben. Nicht selten wird dieses Schamgefühl von **Selbstzweifeln** oder gar Depressionen begleitet. Aus diesem Grund bedarf es eines wachsamen Auges, sollten Eltern erste Anzeichen der Pubertät feststellen. Aufklärende Gespräche in ruhiger Atmosphäre sind das beste Mittel, um die Selbstzweifel zu beseitigen und psychische Stabilität wiederherzustellen. Doch auch das soziale Verhalten kann nun deutlich vom bisherigen Verhalten abweichen. Aufgrund des erhöhten Schamgefühls neigen Jungen und Mädchen während der ersten Phase der Pubertät vermehrt dazu, zu lügen oder Geheimnisse für sich zu behalten. Weiterhin beginnt unterbewusst auch eine Veränderung der **kognitiven Wahrnehmung**. Ein Anzeichen hierfür ist, dass Kuscheltiere oder Puppen plötzlich aussortiert und das ganze Zimmer neu eingerichtet wird. Nicht selten gelten Stars oder Sportler plötzlich als Idole und schmücken in der Folge die Wände zahlreicher Kinder- oder Jugendzimmer. Auch für die Eltern kann bereits die erste Phase der Pubertät eine gravierende Änderung mit sich bringen. Häufig beginnen Jugendliche während dieser Zeit damit, sich eine gewisse Distanz zu den Eltern aufzubauen. Anstelle des gemeinsamen Zeitvertreibs rücken nun vermehrt die Freunde oder Freundinnen in den Fokus. Sogar erste heimliche Treffen zwischen Jungen und Mädchen, die ihre Gefühle für einander entdecken, sind in dieser Zeit festzustellen.

Etwaige Abweichen von bisherigen Verhaltensweisen können gerade für Eltern ein wichtiger Hinweis auf die einsetzende Pubertät und die damit verbunden Probleme sein.

Phase 2 - Risikobereitschaft und Experimentierverhalten nehmen zu

Die zweite Phase der Pubertät ist meist die intensivste und sowohl für Kinder als auch für die Eltern die stressigste der drei Phasen. Jungen wie Mädchen erreichen diese **Phase zwischen dem 13. und dem 15. Lebensjahr**. Insbesondere das Äußere verändert sich bei beiden Geschlechtern spätestens jetzt signifikant. Eine übermäßige Produktion von Hautfett führt bei vielen Jugendlichen nun zur vermehrten Bildung von Pickeln. Auch die Körperproportionen verändern sich oft deutlich, da Wachstumsschübe einsetzen und geschlechtsspezifische Merkmale hervortreten. Neben den körperlichen Veränderungen zeigen sich zudem vielfältige psychische Auffälligkeiten. Vor allem Wachstumsschübe sowie der Zuwachs an Muskelmasse führt **bei männlichen Jugendlichen** während dieser Phase nicht selten dazu, dass sie **Allmachts-oder Größenphantasien** entwickeln und sich groß und stark führen. Damit einhergehend zeigt sich oft auch ein **rebellisches Verhalten**. Auf der anderen Seite reagieren **Mädchen** aufgrund der Veränderung der Körperproportionen meist anders. Sie **fühlen sich unwohl, verletzlich und klagen** in einigen Fällen **über Selbstwertprobleme**. Beiden Geschlechtern ist gleich, dass sie während der zweiten Phase der Pubertät dazu neigen, Grenzen auszutesten, diese durchaus auch überschreiten und eine starke Experimentierfreudigkeit an den Tag legen. Bei Mädchen setzen zudem nun auch Schönheitsideale ein. Sie führen dazu, dass sich die Mädchen beginnen zu schminken, neue Frisuren ausprobieren und sich zunehmen für das männliche Geschlecht interessieren.

Alles halb so wild, oder? Phase 3 der Pubertät

Haben die Kinder die ersten beiden Phasen der Pubertät überstanden, so sind sowohl sie als auch die Eltern über das Gröbste hinweg. Insbesondere der rebellische Charakter sowie die damit verbundenen Streitigkeiten mit den Eltern nehmen **im Alter von 16 bis 18 Jahren** wieder deutlich ab. Die körperlichen Veränderungen sind weitestgehend abgeschlossen und akzeptiert. Meist werden die "neuen Körper" sogar ausgiebig genossen. Die Eitelkeit nimmt ebenfalls zu, da die Äußerlichkeit sowohl bei sich selbst als auch bei anderen Menschen einen hohen Stellenwert eingenommen hat. Der Wunsch, sich im eigenen Körper wohlzufühlen, ist ausgeprägter denn je, weshalb viele Jugendliche in diesem Alter mit Kraftsport oder Fitness beginnen. Selbstverständlich testen beide Geschlechter nun auch ihre Sexualität aus. Hinsichtlich der Psyche sind weitere Individualisierungen zu erkennen, da das kognitive Verständnis an dieser Stelle fast vollkommen ausgeprägt ist. Das eigene Selbstwertgefühl erreicht ein sehr hohes Level, geht dabei teilweise jedoch mit Selbstüberschätzung einher. Letztere sorgt gepaart mit egozentrischen Auftritten trotz einer Beruhigung der Gesamtsituation hin und wieder für Streit innerhalb der Familie. Auf sozialer Ebene kristallisieren sich zudem weitere Eigenschaften heraus. Das politische Interesse wird bei vielen Jugendlichen geweckt und auch die Planung der Zukunft nimmt konkrete Gestalt an. Jugendliche beider Geschlechter lösen sich weiterhin von elterlichen Vorgaben und werden zunehmend autonom.

Wie sind die Verhaltensänderungen zu deuten?

Das Verhalten von Jungen und Mädchen im Verlauf der Pubertät ist für die meisten Erwachsenen nur schwer zu verstehen oder nicht nachvollziehbar. Je älter die Kinder werden, desto eher neigen die Eltern dazu, sie selbst als Erwachsene zu sehen. In der Folge werden sie auch mit dieser Altersgruppe gemessen – vor allem mit Blick auf soziale Komponenten und Leistungsprinzipien. Genau an diesem Punkt vergessen viele Eltern allerdings, dass sie noch immer Heranwachsende vor sich haben, die sich zwar gerne selbst schon als erwachsen bezeichnen, hinter dem Vorhang aber noch immer in weiten Teilen Kinder sind. Zusätzlich versuchen Eltern, jede Gefühlsregung oder Aussage der Kinder zu deuten, wodurch ein weiterer Konfliktherd herbeigeführt wird. Ob und inwiefern Erwachsene ihre Kinder während der Pubertät verstehen können, hängt in erster Linie davon ab, wie sehr sie sich mit ihren Kindern und deren Entwicklung beschäftigen. Das Verhalten ist nämlich längst nicht immer das, was es zu sein scheint und was damit zum Ausdruck gebracht werden soll. Zwischen Jungen und Mädchen zeigen sich in diesem Entwicklungsstadium darüber hinaus vielfältige Verhaltensmuster. Diese sollten bestmöglich analysiert werden, um die dahinter versteckten Bedürfnisse oder Ängste des Nachwuchses verstehen zu können.

"Wie dem auch sei, jeder hat das Recht auf seine Pubertät. Daher ist die Kennzeichnung eines jungen Menschen mit "Kaktus" ambivalent. Sie unterstellt nämlich, dass die Ursachen aller pubertären Konflikte und Unbequemlichkeiten aus dem unbeholfenen Wesen unfertiger und hormon-getriggerter Persönlichkeitsfragmente resultieren. Weniger bewusst ist dabei, dass junge Menschen ihr spezifisches Wesen im Rahmen eines Systems entfalten, das viele andere Faktoren enthält: Eltern, Schule, Freunde, Medien etc., die ihrerseits emotional und systemisch mit ihnen korrespondieren. Auch Jugendliche sind ein "Wald, aus dem es herausschallt, wie man hineinruft". Dreizehn Jahre elterlicher Input garen in dieser Zeit, genau deshalb beginnt es auch zu brodeln. Das Persönlichkeitsmenü auf dem Erziehungsherd enthält, unter vielem anderem natürlich, genau diejenigen Zutaten, die wir zuvor hineingeschnitten haben - oder eben auch nicht. Zu viel Pfeffer? Oder fehlt die Würze? Kein guter Geschmack? Oder ein Defekt im Herd? Kocht was über, weil wir es aus dem Blick verloren haben? Pfeift der Kessel, weil wir gar nicht in der Nähe sind? Oder haben wir es im Vertrauen auf die schnelle Mikrowelle gar nicht erst mit einem vernünftigen Rezept versucht? In der Pubertät entwickelt sich die Persönlichkeit eines Menschen. Seine Wesensmerkmale treten markant hervor und seine Veranlagungen, Talente und Begabungen melden sich zu Wort. Es werden die Konturen einer Person sichtbar, die bislang auf "Stand-by" geschaltet schien, die erwacht, die zum Leben erweckt wird. Diese neue Person entspricht aber oft nicht dem Bild, das sich ihre Eltern von ihr gemacht haben, jedenfalls nicht durchgängig. Das hat Enttäuschungen zur Folge: Der Sohn interessiert sich nicht für das geliebte Hobby des Vaters, die Tochter zeigt sich mit der Rollenauffassung ihrer Mutter nicht einverstanden, der Klavierunterricht wird abgebrochen - er war immer schon eine Last, aber jetzt kann der junge Mensch es endlich aussprechen -, und die von den Eltern favorisierte politische Partei ist das Allerletzte. Der Jugendliche sucht seine Konturen in der Abgrenzung."[26]

Verhaltensmuster und deren Deutung bei Jungen

Im Verlauf der Pubertät ist bei vielen männlichen Jugendlichen eine **zunehmende Rivalität untereinander** zu erkennen. Diese äußert sich darin, dass die Kräfte gemessen werden. Im schlimmsten Fall kommt es dabei sogar zu handgreiflichen Auseinandersetzungen. Dahinter verbirgt sich in aller Regel der Wunsch nach Anerkennung, die Steigerung des

---

[26] Lehnert, Folker; Felicitas, Lehnert (2012): Ehe in der Teeniekrise – Wenn Eltern in die Pubertät ihrer Kinder kommen - 12 Denkanstöße, Neukirchener Verlagsgesellschaft, Neukirchen- Vluyn, S. 12 f.

Selbstwertgefühls oder das Ausdrücken der eigenen Selbstanschauung. Es kann aber auch die Angst sein, sich unterlegen zu fühlen. Etwaige Muster treten nicht selten gepaart mit Machtdemonstrationen oder Macho-Gehabe auf. Somit wird unterbewusst verhindert, dass Gefühle gezeigt werden. Dieses Verhalten soll Stärke suggerieren und die Angst verbergen, kein richtiger Mann zu sein. Die Bedeutung von **Statussymbolen** wird nach außen hin ebenfalls zur Schau gestellt. Geld, Handys oder das erste Motorrad werden oftmals genutzt, um sich dadurch besser zu fühlen als andere. Dahinter stecken in den meisten Fällen ein Geltungsbedürfnis und der Wunsch nach Akzeptanz innerhalb des sozialen Umfeldes außerhalb der Familie.

Während die oben aufgeführten Verhaltensweisen bei vielen Jugendlichen normal und in der Regel als harmlos einzustufen sind, gibt es auch andere Muster, denen mehr Aufmerksamkeit geschenkt werden sollte. Ein **gesteigerter Video- und Computerspielkonsum** kann ebenso zu einer innerlichen Abhängigkeit führen wie der Probierkonsum von legalen wie illegalen Rauschmitteln. Computer- und Videospiele werden oft als Portal genutzt, um vor der Realität zu fliegen, da im Alltag vermeintlich unlösbare Probleme oder Ängste existent sind. Das Probieren von Drogen und Alkohol ist ebenfalls sehr bedenklich. Hierbei besteht ein hohes Risiko der Abhängigkeit. Ein entsprechendes Risiko ist besonders dann gegeben, wenn die Gruppendynamik im Freundeskreis sehr ausgeprägt ist. Solltest Du bei Deinem Kind etwaige Muster feststellen, so musst Du handeln. Versuche, dabei ein ruhiges und vertrauensvolles Gespräch aufzubauen, bei dem Du keinesfalls Vorwürfe machen solltest. Stattdessen ist es ratsam, nach den Gefühlen, Problemen oder Ängsten zu fragen und Deinem Kind Lösungsvorschläge zu unterbreiten.

Abweichende Muster bei Mädchen

Nicht nur Jungen sind während der Pubertät durch unterschiedliche Verhaltensmuster geprägt. Auch Mädchen neigen dazu, ein Verhalten an den Tag zu legen, das in Wahrheit nur Bedürfnisse oder Sehnsüchte zum Ausdruck bringt oder diese verbergen soll. Besonders prägnant ist dabei der optische Vergleich mit anderen Mädchen. Die **Suche nach Anerkennung** führt gelegentlich zu einem **ausgeprägten Körperkult**, um die Angst, zu unterliegen, zu kaschieren. Anders als beim männlichen Pendant werden etwaige "Wettbewerbe" nur selten mit Gewalt gelöst. Vorsicht ist bei Mädchen, selbstverständlich auch bei Jungen, bei übermäßigem Alkoholkonsum sowie dem Genuss von illegalen Rauschmitteln geboten. In dieser Phase der Entwicklung sind Mädchen sehr **anfällig für seelische Abhängigkeiten**.

Die aufgeführten Verhaltensmuster bedeuten nicht zwangsläufig, dass ein Kind auch tatsächlich mit seelischen oder emotionalen Problemen zu kämpfen hat. **Oftmals** steckt auch nur die **Neugier** oder das normale Verhalten innerhalb der Gruppe junger Menschen dahinter. Auf der Hut solltest Du als Elternteil dennoch sein und die Lage stets im Auge behalten. Sowohl Mädchen als auch Jungen tun sich während der Pubertät schwer damit, ihre Probleme an ihre Eltern heranzutragen. Umso wichtiger ist es, ihnen hin und wieder zu zeigen, dass Du stets für sie da sein wirst, auch wenn sie eine gewisse Distanz zu Dir aufgebaut haben sollten. Somit lässt Du Deinem Kind eine Hintertür offen, um bei schwerwiegenden Problemen oder Ängsten zu Dir kommen zu können.

9.

DAS SELBSTKONZEPT VON KINDERN FÖRDERN UND SIE SOMIT STÄRKEN

Die Entwicklung eines gesunden **Selbstkonzepts** bei Kindern ist gar nicht so selbstverständlich, wie viele meinen. Dennoch lässt sich zunächst festhalten, dass ein positives Selbstkonzept in jedem Fall als erstrebenswert angesehen werden sollte. Doch wobei handelt es sich beim Selbstkonzept überhaupt und welcher Zusammenhang besteht zwischen ihm und der Psyche von Kindern? Darüber hinaus sollten Eltern sich damit auseinandersetzen, wie sie ihrem Kind dabei unter die Arme greifen können, ein gesundes Selbstkonzept zu entwickeln.

Um zu erklären, was sich hinter dem Begriff Selbstkonzept verbirgt, bedienen wir uns zunächst eines kleinen Beispiels. Ein Schüler in einer Grundschulklasse wird dazu aufgefordert, einen bestimmten Abschnitt im Lehrbuch zu lesen. Anstatt zu lesen, verneint er die Aufforderung und erwidert, dass er nicht vorlesen wird, da er es so oder so nicht kann. Auch nach mehrmaligem Zureden seitens des Lehrers bleibt der Schüler bei seiner abwehrenden Haltung. Er besteht vehement darauf, dass er sich dazu nicht in der Lage sieht und geht die Herausforderung deshalb nicht an. Auch nach weiteren Aufforderungen bleibt er stur und schlägt das Buch letztlich wutentbrannt zusammen. An diesem Punkt wird deutlich, dass besagter Schüler sich schlichtweg mit seinem vermeintlichen Unvermögen abgefunden und aufgegeben hat. Seine offensichtliche Lernschwäche wird von ihm nicht als Hindernis angesehen, das es zu überwinden gilt. Vielmehr stellt es eine Hürde dar, die seiner Auffassung nach gar nicht zu überwinden ist. Etwaige Aussagen müssen nicht immer das Resultat eines niedrigen Selbstkonzepts sein. In den meisten Fällen ist es aber doch der Fall. Warum ist das so?

Um diese Frage zu beantworten, ist es zunächst wichtig, zu wissen, dass Kinder – auch wenn Erwachsene häufig gegenteiliger Meinung sind – in ihren Emotionen mindestens genauso unterschiedlich und ausgeprägt sind wie wir Erwachsenen. Bereits im Kindergarten oder im Grundschulalter kann es vorkommen, dass Kinder aufgrund dieser Tatsache mit Selbstzweifeln zu kämpfen haben. Ausschlaggebend hierfür ist oftmals ein vorhandener psychischer Druck, welcher auf Misserfolgen oder Versagensängsten aufbaut. Dabei sind es längst nicht immer nur jene Schüler, die auf den ersten Blick schüchtern wirken. Es kann auch all jene Schüler betreffen, die nach außen hin stark und selbstsicher wirken. Das hauptsächliche Problem einer solchen Denkweise ist nicht die Denkweise selbst, sondern die Abwärtsspirale, in die sie führen kann. Der Beginn dieser negativen Entwicklung ist in der Folge meist ein geringes Maß der Frusttoleranz. Schon bei kleinsten Auslösern wird ein aggressives oder aber auch aufgebendes Verhalten offensichtlich. Die Motivation, eine Aufgabe überhaupt anzugehen, sinkt sehr weit ab. Schon kleine Aufgaben werden daher gefühlt zu großen Hürden, wodurch auch das **Selbstwertgefühl** immer geringer wird. Genau diese Aspekte nehmen auch Kinder bereits sehr deutlich an sich selbst wahr. Das Wissen über sich selbst und seine Fähigkeiten ist damit nur gering ausgeprägt. Und genau so definiert sich ein negatives Selbstkonzept. Die eigenen Fähigkeiten können gar nicht ausgetestet werden, weil der Mut oder die Motivation dazu fehlt. Andererseits kann auch die Angst zu scheitern ein Grund dafür sein.

"Das Selbstkonzept ist nach Shavelson (1976) hierarchisch aufgebaut.[27] An der Hierarchiespitze steht das generelle Selbstkonzept, das sich wiederum aus spezifischen Facetten wie z. B. dem körperlichen Erscheinungsbild ("Ich sehe gut aus"), den sozialen Beziehungen ("Ich habe viele Freunde") oder akademischen Fähigkeiten ("Ich bin gut in der Schule") zusammensetzt.[28] Das akademische Selbstkonzept umfasst im frühen Schulalter vor allem die Einschätzung und Bewertung der mathematischen und der verbalen Fähigkeiten.[29] Für die Genese des akademischen Selbstkonzepts sind vor allem Leistungsrückmeldungen signifikanter Anderer (z. B. Lehrer) sowie soziale und dimensionale Vergleiche bedeutsam.[30] So vergleichen Schüler ihre eigenen Fähigkeiten und Leistungen nicht nur mit denen der anderen Mitschüler (sozialer Vergleich), sondern es werden Leistungen verschiedener Bereiche z. B. verbaler vs. mathematischer, zueinander in Beziehung gesetzt (dimensionaler Vergleich)."[31]

Betrachten wir das Wort Selbstkonzept noch einmal aus einem etwas distanzierten Blickwinkel. Es lässt sich pauschal sagen, dass das Selbstkonzept eng mit weiteren Begriffen wie Selbstbewusstsein und Selbstwertgefühl einhergeht. Anhand etwaiger Begriffe definiert sich ein jeder Mensch und somit auch ein jedes Kind, respektive ein Jugendlicher selbst. Sind

---

[27] Brunner, Martin et al. (2010): The Structure of Academic Self-Concepts Revisited – The Nested Marsh/Shavelson Model. In: Journal of Educational Psychologie, Vol. 102 (4), S. 964-981

[28] Marsh, Herbert W.; Shavelson, Richard (2010): Self-Concept: Its Multifaceted, Hierarchical Structure, Vol. 20 (3), S. 107-123

[29] Byrne, Barbara M. (1996): Measuring self-concepts across the life span – Issues and instrumentation, American Psychological Association, Washington DC

[30] Filipp, Sigrun-Heide (2006): Entwicklung von Fähigkeitsselbstkonzepten. In: Zeitschrift für Pädagogische Psychologie, Vol. 20, S. 65-72

[31] Marsh, Herbert W. (1986): Verbal and math self-concepts – An internal/external frame of reference model. In: American Educational Research Journal, Vol. 23 (7), S. 129-149
Ehm, Jan-Henning; Duzy, Dagmar; Hasselhorn, Marcus (2011): Das akademische Selbstkonzept bei Schulanfängern – Spielen Geschlecht und Migrationshintergrund eine Rolle, S. 37. In: Frühe Bildung, 0, Hogrefe Verlag, Göttingen, S. 37-45

Selbstbewusstsein sowie Selbstwertgefühl nur gering ausgeprägt, so lässt sich daher auch sagen, dass das Selbstkonzept ebenfalls einer geringen Ausprägung unterliegt. Anders als bei Erwachsenen ist die Betrachtung bei Kindern eine andere. Sie definieren sich in erster Linie durch eine Verhaltensspiegelung von Erwachsenen. Das heißt konkret, dass sie sich unbewusst mit uns messen oder vergleichen wollen, selbst wenn ihre Fähigkeiten noch gar nicht so weit ausgeprägt sind, um Schritt halten zu können.

9.1 Wie lässt sich das Selbstkonzept positiv beeinflussen

Als Elternteil hast Du einen großen Einfluss darauf, wie sich das Selbstkonzept Deines Kindes verändert. Und dieser Aspekt ist von entscheidender Bedeutung. Denn wie bereits erwähnt, ist das Selbstkonzept sehr einflussreich bezüglich des Verhaltens von Kindern und Jugendlichen. Ist das Selbstkonzept stabil und als positiv zu bewerten, so wird sich ein Kind auch zuversichtlich sowie selbstbewusst an anstehende Herausforderungen heranwagen und auf diese Weise neue Erfahrungen sammeln. Dazu gehört auch die Erkenntnis, dass Mut und Willen in der Regel zu Erfolgen führen. Dabei handelt es sich um ein ganz natürliches Schema, das bei Erfolgen automatisch als solches wahrgenommen wird. An diesen Punkt zu gelangen, ist für viele Kinder aber nun einmal nicht ganz so einfach. Welche Möglichkeiten hast Du also, um Deinem Kind dabei unter die Arme zu greifen, sein Selbstkonzept zu optimieren?

Liebe und Zuneigung dürfen nicht an Bedingungen geknüpft werden

Die Psyche von Kindern und Jugendlichen wird in erster Linie in den heimischen vier Wänden geprägt. Je vorteilhafter der Umgang der Eltern mit den eigenen Kindern ist, desto eher können diese davon profitieren. Alles, was sie Zuhause lernen, wird eine prägende Erfahrung für sie sein. Entsprechend ist die Bedeutung der Verhaltensweisen von Eltern nicht von der Hand zu weisen. In einigen Familien ist die Struktur zerrüttet, nicht selten auch von Gewalt geprägt. Etwaige Erfahrung manifestieren sich als negative Ereignisse und prägen ebenso deutlich wie positive Erfahrung. Doch müssen es längst nicht immer negative Erfahrung an sich sein, die eine negative Wirkung haben. Auch ein zu fürsorgliches Verhalten sowie bewusster oder unbewusster Druck, der auf Kinder und Jugendliche ausgeübt wird, kann negative Folgen hinsichtlich ihrer psychologischen Entwicklung haben. So gibt es beispielsweise Eltern, die den Lebensweg ihrer Kinder bereits kurz nach der Geburt anfangen zu planen. Ein guter Schulabschluss, ein anschließendes Studium, eine bestimmte Karriere oder sportlicher Erfolg werden sich dann nicht nur gewünscht, sondern oftmals auch zur Bedingung gemacht. Doch gerade Bedingungen erweisen sich oftmals als sehr kritisch. Nach Fehlerfolgen bekommen Kinder in solchen Situationen nicht selten das Gefühl, dass sie weniger geliebt werden, weil die Eltern enttäuscht reagieren. Dabei handelt es sich um einen der gravierendsten Fehler, den Eltern überhaupt begehen können – sie knüpfen die Liebe, zum Teil unbewusst, an Bedingungen. An dieser Stelle muss zwingend darauf hingewiesen werden, dass solches Handeln durch und durch falsch und kontraproduktiv ist. Die Liebe, die Du Deinem Kind zukommen lässt, darf niemals an Bedingungen geknüpft sein. Geschieht dies doch, so leidet das Selbstkonzept zwangsläufig darunter. Ausschlaggebend hierfür ist das sogenannte **Urvertrauen**. Dieses Urvertrauen basiert auf der von Kindern gemachten Erfahrung, dass sie um jeden Preis geliebt werden – unabhängig davon, ob sie Erfolg oder Misserfolg erleiden. Nur wenn diese bedingungslose Liebe abseits von Bedingungen vorhanden ist, kann das Urvertrauen entstehen und wachsen. Kinder merken auf diese Art, dass die Eltern auch dann für sie da sind und sich bedingungslos um sie kümmern, selbst wenn sie an ihren Aufgaben scheitern. Ein generiertes Urvertrauen ist der beste Start ins Leben, den Eltern ihren Kindern ermöglichen können.

Um zu verdeutlichen, welchen Einfluss das Verhalten von uns Erwachsenen auf unsere Kinder hat, nutzen wir ein konkretes und alltägliches Beispiel, welches in dieser oder ähnlicher Form in vielen Familien zu finden ist. Schon im Alter von nur wenigen Jahren werden Kinder bei Sport- oder Turnvereinen angemeldet. An diesem Punkt gibt es rein gar nichts, was dagegen spricht. Sportliche Ertüchtigung ist vor allem im frühen Alter sehr wichtig, da auf diese Weise die Motorik und auch das Selbstvertrauen enorm geschult und gefördert werden können. Da eine jede Sportart auch mit Wettbewerb verbunden ist, verbirgt sich hierbei eine große Gefahr. Einige Eltern neigen dazu, sportlichen Erfolg zu erwarten, da sie ihr Kind möglichst nach dem Erfolgsprinzip erziehen wollen. Auch dieser Punkt ist noch nicht verwerflich. Problematisch wird es allerdings, wenn insbesondere Misserfolg offensichtlich negativ bewertet wird. Zeigen die Eltern nach einem verlorenen Fußballspiel beispielsweise ihre Enttäuschung darüber gegenüber dem Kind, so wird sich dies negativ auf das Selbstkonzept auswirken, da das Selbstbewusstsein darunter leidet. Im nächsten Spiel geht das Kind dann automatisch mit einer Grundangst auf den Platz, da es weiß, dass es negative Reaktionen zu befürchten hat. Eltern, die ihr Kind hingegen auch nach Niederlagen stützen und ermutigen, sorgen andererseits für den gegenteiligen Effekt. Das Kind lernt nun, dass Misserfolg keinesfalls negative Konsequenzen haben muss. Letzten Endes sprechen wir hier noch immer über ein belangloses Fußballspiel im Jugendalter. Unabhängig vom Ergebnis – und dieser Aspekt lässt sich auf alle Bereiche des Lebens übertragen – sollten Eltern ihren Kindern stets mit dem Gefühl von Liebe, Sicherheit, Geborgenheit und Wärme gegenübertreten. Kinder müssen schlichtweg rund um die Uhr das Gefühl haben, dass sie im familiären Umfeld in Sicherheit sind. Auf diese Weise lernen sie unterbewusst, dass sie selbst bei schlimmsten Misserfolgen immer Menschen um sich herum haben, die ihnen den Rücken stärken. Die Grunderfahrung, die Kinder auf diese Art und Weise erlernen, lässt sich mit drei kleinen aber immens wichtigen Worten festhalten: "Ich werde geliebt."

Gib Deinem Kind ganz bewusst differenzierte Rückmeldungen

Je jünger ein Kind ist, desto mehr Erfahrungen macht es, die es selbst noch gar nicht bewerten kann. Daher ist die Bewertung durch die Eltern ein wichtiger Schritt, um entsprechende Erfahrungen auch als positiv oder negativ einstufen zu können. An dieser Stelle bedarf es selbstverständlich jeder Menge Zeit und Zuwendung, die nur die Eltern aufbringen können. Sämtliche Handlungen und Fähigkeiten, die ein Kind vollzieht oder entwickelt, sollten nach Möglichkeit beobachtet werden. Dabei gilt es dem Kind so viel Feedback wie nur möglich zu geben. Insbesondere lobende oder bestärkende Worte haben einen großen Einfluss auf das Selbstwertgefühl. Dies trifft vor allem auf junge Kinder zu, da sie sich in diesem Alter am meisten über ein solches Lob freuen können und sich unterbewusst oder gar bewusst daran erinnern, für diese oder jene Handlung positive Resonanzen seitens der Eltern erfahren zu haben. Dem Kind wird somit eindeutig aufgezeigt, dass es gut ist oder gut handelt. Somit führt jedes Lob dazu, dass das Vertrauen in die eigenen Fähigkeiten wächst. Und genau jenes Wachstum ist essenziell. Er treibt das Kind dazu an, Unsicherheiten, Schwierigkeiten oder Hürden anzugehen, ohne gleich zu resignieren, wenn es einmal daran scheitern sollte.

"Die Lebensqualität eines Menschen ist weitgehend von seinem Selbstbewusstsein abhängig. Ist er ausreichend selbstbewusst, wird er häufiger Befriedigung erfahren als jemand, der an einem Mangel an Selbstbewusstsein leidet. Selbstbewusste Menschen werden als Menschen beschrieben, die wissen, was sie wollen. Weiß jemand über seine echten Bedürfnisse und Wünsche Bescheid, so kann er stimmig fordern und die "richtigen" Fragen an das Leben stellen. "Richtige" Fragen wiederum bewirken "richtige" Antworten - Antworten, die befriedigen. Eine Befriedigung tritt nicht nur ein, wenn Bedürfnisse und Wünsche erfüllt werden, sondern auch dann, wenn negative Antworten erfolgen. Im Wesentlichen bedeutet Befriedigung nichts anderes, als sich selbst im Dialog mit der Realität als stimmig erleben zu können. Dadurch können Wünsche losgelassen werden, und es kommt nicht zu einer neurotischen Fixierung auf einen Wunsch. Um Stimmigkeit aber überhaupt erfahren zu können, ist Selbstbewusstsein nötig. Selbstbewusstsein ist sowohl Voraussetzung als auch Ergebnis einer "gesunden" psychischen Entwicklung. Sigmund Freud bezeichnet die Genussfähigkeit, die mit der Fähigkeit Befriedigung erleben zu können zusammenhängt, als maßgebliches Kriterium für die psychische Gesundheit eines Menschen."[32]

Entscheidend ist jedoch, wie Du das Feedback an das Kind weiterleitest. Wer ein Lob nur beiläufig und immer wieder mit pauschalen Floskeln ausspricht, der übt damit weniger positiven Einfluss aus als jemand, der **differenzierte Rückmeldungen** von sich gibt. Doch was genau bedeuten differenzierte Rückmeldungen? Um dies zu erklären und Dir zu zeigen, wie Du selbst differenziert auf Dein Kind einwirken kannst, machen wir uns erneut ein Beispiel zunutze.

[32] Hörburger, Renate (2002): Selbstbewusstsein – Wie Erwachsene sich und ihre Kinder stärken, 2. Auflage, Klett-Cotta Verlag, S. 9

Auch Eltern wollen hin und wieder eine kleine Auszeit von ihren Kindern und verbringen ihre Zeit daher gerne im Umfeld von Freunden. Spontan wird das Telefon genommen und einige Freunde werden zu einem gemütlichen Tag beim Grillen im Garten eingeladen. Selbstverständlich dürfen auch die Freunde ihre Kinder mitbringen. Während die Eltern am Tisch sitzen und sich angeregt unterhalten, kommt es fast immer dazu, dass mal ein Kind zum Tisch kommt und den Eltern von seinen gerade erlebten Ereignissen oder Erfolgen, beispielsweise beim Spielen mit den anderen Kindern, berichtet. Da sich die Eltern jedoch in einem Gespräch befinden, wird der Erfolg, auf den der Spross so stolz ist, mit einem pauschalen "Das hat Du aber gut gemacht" abgetan. Eine solche oder ähnliche Antwort ist nicht zwangsläufig schädlich. Hilfreich ist sie aber nicht wirklich, da das Kind diese Bemerkung immer wieder hört und somit auf Dauer gar nicht reflektieren kann, wann und warum es eigentlich gelobt wird. Schließlich kommt fast immer dasselbe Lob dabei heraus.

An dieser Stelle kommen wir zu den besagten differenzierten Rückmeldungen. Anstelle einer pauschalen Antwort wie im Beispiel, sollte nicht nur das Ergebnis gelobt werden. Als Eltern gilt es darauf zu achten, dass auch der Weg zu diesem Ergebnis betrachtet wird. Was hat das Kind denn genau gut gemacht, um sein Ziel zu erreichen, über das es sich in diesem Moment freut? Welche Anstrengungen musste es auf sich nehmen, um das Resultat zu erzielen? Genau diese Punkte müssen zunächst analysiert und anschließend im Feedback untergebracht werden. Wenn Dir dies gelingt, so lernt dann Kind dadurch, dass nicht nur das Erreichen eines Ziels eine Wertigkeit besitzt. Vielmehr wird es darin geschult, auch den Weg dahin und die dabei getätigten Anstrengungen und eingesetzten Fähigkeiten schätzen zu lernen. In der Folge schöpft es daraus nicht nur Selbstvertrauen, sondern auch das Wissen, dass es über diese oder jene Fähigkeit bereits verfügt und sie auch zukünftig in unterschiedlichen Bereichen anwenden kann. Darüber hinaus ist es wichtig, nicht jede Kleinigkeit zu würdigen. Ein Lob soll etwas Besonderes sein und daher nicht übermäßig verteilt werden. Hebe die besonderen Leistungen hervor, auf eine differenzierte Art und Weise. Somit wirst Du enorm dazu beitragen, dass Dein Kind ein positives Selbstkonzept entwickelt. Wird das Kind hingegen mit Lob überschüttet, so kann es mit dieser Situation nicht bewusst umgehen. Wird jede Kleinigkeit mit denselben Worten gewürdigt, so fällt damit einhergehend auch die Wertschätzung für etwaige Belobigungen nach und nach ab.

Vermeide Abwertungen

Das Selbstkonzept von Kindern und Jugendlichen ist stark davon abhängig, wie sie für ihr Verhalten gelobt oder eben auch gerügt werden. Während ein Lob dazu da ist, um positives Verhalten auch als solches zu bewerten, muss auch das Gegenteil ein Bestandteil einer gesunden Erziehung sein. Daher sollten auch negative Verhaltensweisen von Kindern reflektiert und darauf eingegangen werden, um diese abzuschwächen oder zu minimieren. Es gilt, stets zu bedenken, dass Kinder aus einer jeden Erfahrung – positiv wie negativ – Rückschlüsse ziehen und daraus lernen. Wird ein Kind für eine gute Tat gelobt, weiß es, dass es etwas richtig gemacht hat. Wird es für schlechtes Verhalten gerügt, so lernt es auf diese Weise, dass es falsch gehandelt hat. Entscheidend ist dabei jedoch die Art und Weise, wie negatives Verhalten reflektiert wird. Selbstverständlich braucht ein Kind hierfür zunächst einmal Regeln. Sie dienen dem Zweck, dass das Kind somit lernt, mit negativen Emotionen umzugehen. Geschieht eine solche Regelsetzung nicht, dann kann das spätere Leben inmitten der Gesellschaft dadurch negativ beeinflusst werden. Um Regeln durchsetzen zu können und sie so zu nutzen, dass Kinder aus ihnen lernen können, müssen Eltern nicht nur in der Lage sein, positives Handeln zu loben oder zu belohnen. Kritik gehört ebenfalls zum Wachstumsprozess dazu und ist essenziell für das Verständnis von Regeln und sozialen **Konformitäten.**

Wie sich eine jene Kritik auf das Selbstkonzept von Kindern auswirkt, liegt dabei ausschließlich in der Hand der Eltern. Es gibt eine Vielzahl von Sätzen, die häufig unbedacht ebenso pauschal ausgesprochen werden, wie es auch bei den Belobigungen der Fall ist. Hierzu gehören unter anderem folgende Sätze, die wohl jedem bekannt vorkommen dürften:

- × "Stell Dich nicht schon wieder so blöd an."
- × "Wann machst Du endlich mal etwas ordentlich?"
- × "Warum schaffst Du das nicht? So schwer ist das gar nicht."
- × "Reiß Dich jetzt endlich mal zusammen."

Solche Sätze hat sicherlich jeder schon einmal gehört, ohne dabei über deren Auswirkungen auf Kinder nachzudenken. Tatsächlich ist es jedoch sehr lohnenswert, sich mit der Bedeutung etwaiger Aussagen auseinanderzusetzen. Die oben angeführten Formulierungen sind die wohl besten Beispiele dafür, wie man Kinder unbewusst und vielleicht sogar ungewollt verletzen kann. Als Erwachsene machen wir uns aus solchen Sätzen nichts, wenn sie uns an den Kopf geworfen werden. Sie sind weder beleidigend noch in irgendeiner Form aggressiv zu werten. Kinder hingegen nehmen diese Sätze allerdings ganz anders auf. Für sie wirken sie sehr verletzend und prägen sich daher mindestens genauso intensiv ein, wie ein positives Lob. Erfährt ein Kind zu viele solcher Aussagen, so besteht ein hohes Risiko, dass die Auswirkungen auf das Selbstkonzept noch im Erwachsenenalter sichtbar und spürbar sind. Ebenso wie der bereits angesprochene **Liebesentzug** bei Fehlverhalten oder Misserfolgen, gilt es auch, regelmäßige oder gar permanente Vergleiche mit anderen Kindern zu vermeiden. Mache Dir bewusst, dass der Vergleich mit anderen Kindern in keiner Weise förderlich für die Steigerung des Selbstwertgefühls Deines Kindes ist.

Kommen wir nun aber darauf zurück, warum die beispielhaften Sätze kontraproduktiv und daher nicht für die Erziehung von Kindern geeignet sind. Dass sich Kinder falsch verhalten, gehört schlicht und einfach zum normalen Entwicklungsprozess dazu. Nur durch unsere Erfahrungen – ob positiv oder negativ – können wir lernen. Essenziell ist die Art und Weise, wie entsprechende Handlungen bewertet werden. Nutzen wir oben angeführte Sätze, so reflektieren wir nicht die eigentliche Handlung des Kindes. Vielmehr werten wir es als Ganzes ab, ohne einen konkreten Bezug auf den Fehler oder den Misserfolg zu nehmen. Im Grunde vermitteln wir auf diese Weise nur ein Gefühl: "Du bist schlecht und hast etwas falsch gemacht oder nicht geschafft." Wenn Du nun über diese Aussage nachdenkst, so kannst Du Dir sicherlich vorstellen, wie sich Dein Kind in einer vergleichbaren Situation fühlen muss. Es fühlt sich insgesamt als Person abgewertet. Dabei hat es vielleicht nur eine Rechenaufgabe nicht lösen können. Anstelle solcher pauschalen negativen Formulierungen müssen auch negative Kritiken differenziert und ganz präzise auf die Handlung zugeschnitten sein. Dabei ist es sogar möglich, das Selbstwertgefühl sowie die Motivation des Kindes zu stärken, obwohl wir es zeitgleich auf seinen Fehler aufmerksam machen. Aus diesem Grund solltest Du auch negative Kritik zunächst mit einem positiven Aspekt beginnen. Sage Deinem Kind, was es bis zu besagtem Fehler richtig gemacht hat, und lobe es dafür. Anschließend zeigst Du ihm seinen Fehler auf, während Du zeitgleich einen Lösungs- oder Verbesserungsvorschlag unterbreitest. Mithilfe dieser Herangehensweise schlägst Du zwei Fliegen mit einer Klappe. Dein Kind wird sich einerseits daran erinnern, dass gar nicht alles schlecht war. Immerhin gab es für den Weg bis hin zum Fehler zunächst ein Lob. Der Verbesserungsvorschlag sorgt andererseits dafür, dass eine neue Motivation geschaffen wird, um die Aufgabe erneut anzugehen. Generell lässt sich daher sagen, dass es immer ratsamer ist, mithilfe positiver Verstärkung auf das Kind einzuwirken, als es für den begangenen Fehler zu tadeln oder gar zu bestrafen. Wenn Du auf diese Weise auf Dein Kind zugehst und einwirkst, vermittelst Du ihm eine entscheidende Botschaft: "Fehler zu machen, ist nicht schlimm. Nur weil Du einen Fehler begehst, bist Du nicht schlecht. Nimm die Aufgabe an und stelle Dich ihr erneut."

9.2 Nutze ethische sowie moralische Grundsätze als Orientierung

Zur Entwicklung eines jeden Kindes gehört unmittelbar ein wachsendes Verständnis für grundsätzliche Werte wie **Moral und Ethik**. Diese können jedoch nur erlernt werden, wenn sie beigebracht werden. Im späteren Stadium unseres Lebens sind wir Menschen durchaus in der Lage, selbst an unseren Werten und Vorstellungen zu arbeiten. Dieser Fähigkeit liegt ein reflektiertes Denken zugrunde, über welches Kinder und Jugendliche noch nicht oder nur teilweise verfügen. Daher ist die Wertevermittlung zu einem Großteil Aufgabe der Eltern. Normen und Werte sind unerlässlich, wenn es darum geht, Orientierungspunkte mit Blick auf das eigene, sozial verträgliche Handeln zu setzen. Dass sie vonnöten sind, liegt daran, dass im Laufe des Lebens immer wieder Punkte erreicht werden, an denen wir uns in gewisser Weise verirren. Um wieder Halt zu finden, sind diese Werte unabdingbar. Sie können als eine Art Anker gesehen werden. Zudem tragen Regeln und Normen maßgeblich dazu bei, dass wir schon in jungen Jahren lernen, ein Gewissen zu entwickeln. Wer gewissenhaft handeln kann und sich dabei an besagten Normen und Werten orientiert, der verfügt in der Regel auch über ein positives sowie ausgeprägtes Selbstkonzept. Als Elternteil ist daher Deine Aufgabe, diese Werte zu vermitteln und somit aktiv an dieser Entwicklung mitzuwirken.

Die Vorstellungen von Werten und Normen gehen oftmals auseinander. Dies liegt insbesondere in der Tatsache begründet, dass ein jeder Mensch anders erzogen wurde und entsprechend andere Richtlinien erlernt hat. Wichtige soziale Werte, wie anderen zu helfen, sich eine eigene Meinung bilden und dazu stehen zu können oder offen und ehrlich zu sein, sind genauso wichtig, wie das Bewusstsein darüber, dass Freunde wichtig sind und Spaß ein wichtiger Faktor für das eigene Wohlbefinden und Glück ist. Werden diese Werte nicht rechtzeitig beigebracht, wir es immer schwerer, sie zu verstehen und sich daran zu halten, je älter man wird. Die gerade aufgeführten Werte sind übrigens keine willkürlichen Aneinanderreihungen. Sie sind das Resultat einer im Jahr 2012 durchgeführten Umfrage. Teilnehmer dieser Umfrage waren allerdings keine Erwachsenen, sondern ausschließlich Kinder im Alter von neun bis 14 Jahren. Die Umfrage zeigt somit nicht nur auf, welche Werte schon im Kindesalter als wichtig angesehen werden. Vielmehr zeigt sich dadurch, dass Kinder ein grundlegendes Verlangen nach diesen Werten haben, diese erlernen und sich danach richten wollen. Dass diese Werte als so wichtig angesehen werden, dürfte für viele Erwachsene nachvollziehbar sein. Schließlich beschreiben sie ziemlich präzise, welche Vorstellungen wir von einem schönen und harmonischen Leben in unserem sozialen Umfeld haben. Und genau an dieser Stelle wird deutlich, welchen positiven Effekt die Vermittlung entsprechender Werte auf unsere Kinder hat. Je intensiver sie damit vertraut gemacht werden, umso mehr tragen Werte und Normen dazu bei, das Selbstkonzept zu stärken, da sie als konform angesehen werden. Die Bedingung hierfür ist allerdings, dass sie auch wirklich ausreichend vermittelt werden. Geschieht dies nicht, so tun sich Kinder in ihrer späteren Entwicklung in ihrem sozialen Umfeld deutlich schwerer.

In seinem Buch "Moral ist lehrbar" beschreibt der Autor Georg Lind sehr präzise, warum Moral- und Wertevorstellungen eine so große Bedeutung für unser soziales Leben haben. Längst nicht alles lässt sich mithilfe von

Konventionen und Richtlinien regeln, da es Situationen gibt, in denen wir weder richtig noch falsch handeln können. Folgen wir jedoch den Grundsätzen von Moral und Ethik, dann dienen diese uns in entsprechenden Situationen als Leitfaden, um einen gesunden Mittelweg finden zu können.

"Müssten wir immer nur zwischen richtig und falsch entscheiden, dann wäre das Leben einfach und die meisten Menschen, oder vielleicht sogar alle Menschen würden sich immer moralisch gut verhalten. In moralisierenden Büchern und Filmen ist die Welt klar in gute und böse Menschen geteilt und dort gibt es eine Entscheidung, die richtig ist. Viele Moraltheoretiker wollen uns daher glauben machen, dass das Leben genau so einfach sei, und halten jeden, der eine moralische Regel übertritt, für charakterlos, moralisch böse oder für einen Menschen ohne Werte. Sie wollen daher unseren Charakter erziehen, das Böse in uns bekämpfen oder uns Werte vermitteln. Was diese Theoretiker - worunter sich selbst prominente Philosophen und Psychologen befinden - nicht sehen, ist die simple Tatsache, dass wir im wirklichen Leben oft vor Entscheidungen stehen, in denen es keine eindeutig "richtige" oder "falsche" Lösung gibt wie im Film. Es gibt selten eindeutig richtig oder eindeutig falsche Entscheidungen."[33]

Bereits im Kleinkindalter Deines Kindes kannst Du viel zur Entwicklung dieser Werte beitragen. Vielen ist dieser Umstand allerdings nicht bewusst, da eine große Menge der Handlungen von Kleinkindern quasi ignoriert wird. Dabei bieten Handlungen wie im folgenden Beispiel die perfekte Grundlage, um Werte und Normen zu vermitteln. So ziemlich jeder Erwachsene kennt selbst die Situation oder hat eine Situation bereits beobachtet, in der ein Kleinkind ohne Grund anfängt, um sich zu schlagen.

[33] Lind, Georg (2019): Moral ist lehrbar – Wie man moralisch-demokratische Kompetenz fördern und damit Gewalt, Betrug und Macht mindern kann. 4. Auflage, Logos Verlag, Berlin, S. 28

Der ausschlaggebende Grund hierfür ist, dass es noch gar nicht weiß, dass Schläge Konsequenzen haben können und dem Gegenüber mitunter wehtun oder gar Schmerzen bereiten. Viele Erwachsene lassen dem Kind in solchen Situationen jedoch ungehindert freien Lauf, da ein kleines Kinderhändchen noch nicht in der Lage ist, uns Schmerzen zuzufügen. Anstatt die Situation einfach passieren zu lassen, sollten Eltern ihren Schmerz kundtun, selbst wenn dieser nicht tatsächlich vorhanden ist. Auf diese Weise lernen Kinder bereits sehr früh, dass Schläge dem Gegenüber wehtun. Auch die Ehrlichkeit ist eine Fähigkeit, die antrainiert sowie erlernt werden kann. Als Elternteil solltest Du die Ehrlichkeit Deines Kindes immer würdigen, auch wenn die Wahrheit Dir manchmal nicht gefallen wird. In keinem Fall sollten Kinder dafür bestraft werden, wenn sie aufgrund von Ehrlichkeit ein Fehlverhalten zugegeben haben.

Einige Werte lassen sich nicht einfach vorleben. Daher ist es zudem Deine Pflicht, Deinen Nachwuchs über gewisse Werte aufzuklären und ihnen vor Augen zu führen, welchen Nutzen sie haben und warum sie so wichtig sind. Hierzu gehört unter anderem die Freundschaft. Diese kannst Du behutsam fördern, indem Du Dein Kind zum Spielen mit anderen Kindern animierst. Dabei kann es gleichzeitig auch lernen, wie andere Werte in der Praxis angewandt werden. Kommt es beim Spielen zum Streit oder vielleicht gar einer handfesten Auseinandersetzung, so solltest Du diese Situation nutzen, um Deinem Kind das Fehlverhalten vor Augen zu führen. Auf lange Sicht profitieren Kinder vom Spielen mit Gleichaltrigen in jedem Fall. So lernen sie auf spielerische Art und Weise, dass andere Menschen ein anderes Wesen, andere Fähigkeiten und Ansichten haben. Daraus ergibt sich eine zunehmende Toleranz gegenüber der Vielfalt, die ein jeder von uns in sich trägt. Auch das Teilen sowie ein genereller gesellschaftlicher Umgang wird auf diese Weise bereits in jungen Jahren geschult. Ein weiterer positiver Effekt des Spielens mit anderen Kindern ist die darin befindliche Unabhängigkeit von den Eltern. Wenn Kinder nur in den eigenen vier Wänden mit der Familie verkehren, so fällt es ihnen sehr schwer, andere Bezugspersonen zu finden. Diese sind jedoch von enormer Bedeutung, da sich Kinder früher oder später von ihren Eltern abnabeln können sollten. Darüber hinaus stellt dieser Aspekt ein wichtiges Fundament für die Wertevorstellung von Freundschaft und Vertrauen dar.

Die Ehrlichkeit ist zudem ein wichtiger Bestandteil der offenen Kommunikation, welcher im Elternhaus immer gepflegt werden sollte. Vor allem Kritik sollte, ob nun positiv oder negativ, immer offen geäußert werden dürfen. Dabei musst Du sicherstellen, dass dies nicht nur für den Nachwuchs gilt. Auch Du solltest Dich in der Pflicht sehen, einen offenen und ehrlichen Umgang mit Dir zu wahren. Bedenke immer, dass die Eltern für viele Kinder zeitlebens eine Art Vorbildfunktion haben. Lernen sie bereits von Dir, dass Offenheit oder Ehrlichkeit zu Problemen und Konflikten führen, werden sie etwaige Verhaltensmuster mitunter selbst übernehmen. Sei daher stets bereits, Dir auch die Kritik Deines Kindes offen anzuhören, anzunehmen und darauf einzugehen. Nur wenn Du Dich dazu bereit erklärst, kann ein offenes Verhältnis entstehen, in dem das Kind sich nicht als minderwertig und unterlegen sieht. Weigerst Du Dich, so sinkt das Selbstkonzept Deines Kindes aufgrund Deiner sturen Erziehungshaltung. Hierbei gilt es auch, eine Vorbildfunktion einzunehmen. Oftmals hört man ja Aussagen, dass man beispielsweise älteren Menschen nicht widersprechen sollte. Doch egal wie alt unser Gesprächspartner ist, ein offenes und vertrauensvolles Gespräch kann nur dann stattfinden, wenn beide Gesprächsteilnehmer dieselben Rechte haben. Lasse Dein Kind daher stets ausreden und beende ein Gespräch niemals unter Drohungen. Es geht nicht darum, einer Meinung zu sein. Es geht vielmehr darum, Deinem Kind als Vorbild vor Augen zu führen, dass alle Teile einer Gesellschaft dieselben Rechte und Pflichten haben.

Soziale Kompetenzen und zeitgleich moralische Werte fördern

Nicht immer müssen die Eltern einen direkten Einfluss auf die Entwicklung ihrer Kinder ausüben. Schließlich können sie auch im späteren Leben nicht immer für den Nachwuchs da sein. Je älter ein Kind wird, umso mehr muss es auf eigenen Beinen stehen können. Daher darf die Erziehung in gewisser Hinsicht auch abgegeben werden. So kann das Kind eigenständig neue Werte kennenlernen und bereits bekannte Werte mit anderen Kindern oder Mitmenschen teilen sowie fördern. Eine Möglichkeit hierfür ist die **Vereinsarbeit**. Kinder beim Sport anzumelden, ist sowieso eine gute Idee. Die sportliche Betätigung trägt schon in jungen Jahren zu einer verbesserten Motorik bei. Darüber hinaus ist das Vereinsleben eine gute Option, um **soziale Kompetenzen** zu stärken und das **Ausleben von Wert- und Moralvorstellungen** möglich zu machen. Innerhalb eines Vereines lernen Kinder schon früh, dass Zuverlässigkeit geschätzt wird. Weiterhin können Mannschaftssportarten beispielsweise dazu beitragen, dass Werte wie **Fairness** und das **generelle Verhalten in Gruppen** gefördert und erlernt werden. Ein besonders effektiver Weg, um Freundschaften zu fördern, ist zudem der gemeinsame Erfolg. Wenn Kinder in einem Verein tätig sind, werden sie früher oder später Erfolge mit ihren Mannschaftskameraden feiern können. Eltern aber auch Erzieher im Kindergarten sollten daher früh darauf achten, diese Möglichkeiten zu bieten. Neben dem gemeinsamen Erfolg wird auf diesem Weg auch aufgezeigt, dass es Aufgaben gibt, die nur in der Gruppe und nicht allein zu bewältigen sind.

Um etwaige Fortschritte nicht zu gefährden, müssen sich selbst die Eltern an gewisse Regeln halten. Es ist durchaus ratsam, das Kind zunächst zu einem Verein zu bringen, wo es zunächst nur auf Probe mitmacht. Letzten

Endes sollte nämlich das Kind selbst und nicht die Eltern darüber entscheiden, welchen Aktivitäten das Kind nachgehen sollte. Auch die Wahl des Freundeskreises sollte daher weitgehend den Kindern überlassen werden. Selbst in diesem Bereich ist es von enormer Bedeutung, dass erste eigene Erfahrungen gemacht werden. Kinder mit einer geschulten und geübten Wertevorstellung werden sich von selbst von Kindern distanzieren, die deutlich von ihren Werten abrücken und beispielsweise rüpelhaft oder als Rabauken in Erscheinung treten.

Dass nicht ein jedes Kind etwas mit Sport anfangen kann, dürfte Dir klar sein. Folglich lohnt es sich auch nicht, Dein Kind zu etwas zwingen zu wollen, an dem es gar kein Interesse hat. Es gibt eine Vielzahl an Aktivitäten, die sich neben dem Sport bestens eignen, um die soziale Kompetenz und sogar die Kreativität zu fördern. Ein gutes Beispiel hierfür sind Musikschulen. Dort lernen Kinder in erster Linie das Spielen eines oder mehrerer Instrumente. Da hierbei sehr viel Feinmotorik gefragt ist, werden unterschiedliche motorische Fähigkeiten geformt und gefördert. Zudem macht das Musizieren in der Gruppe viel Spaß. Gemeinsame Auftritte sowie der folgende Applaus der Eltern oder weiteren Zuhören stärken dabei nicht nur das Gruppengefüge, sondern auch das Selbstbewusstsein aller daran beteiligter Kinder. Es bedarf mitunter etwas Zeit, bis die richtige Freizeitbeschäftigung für Kinder gefunden ist. Diese Zeit solltest Du Dir aber in jedem Fall nehmen, da Du Deinem Kind bei seiner sozialen Entwicklung enorm unter die Arme greifst. Hier lernt es moralische und ethische Werte kennen, ohne dass Du selbst darauf Einfluss nehmen musst. Das Erlernen von Selbstständigkeit sowie das Knüpfen sozialer Kontakte können auf keinem besseren Weg stattfinden.

10.

ABWEICHUNGEN SOWIE VERZÖGERUNGEN IN DER ENTWICKLUNG IM KINDES- UND JUGENDALTER

Selbst bei guter Förderung können Eltern nicht immer Einfluss auf die Entwicklung ihrer Kinder nehmen. Unterschiedlichste Faktoren können dazu führen, dass die Entwicklung von der Norm abweicht oder gar Verzögerungen in einigen Bereichen auftreten. Etwaige Veränderungen zu erkennen, ist meist gar nicht schwer, da sie sich fast immer im Verhalten des Kindes äußern. Den Ursachen auf die Schliche zu kommen, ist hingegen ungleich schwerer. Denn Ursachen und Symptome gehen selten Hand in Hand und lassen sich klar ableiten. Daher ist es sehr wichtig, dass Du die Entwicklung immer im Auge behältst und handelst, wenn Du größere oder weitreichende Probleme dahinter vermutest.

Eine der am häufigsten unterschätzen Erkrankungen bei Kindern und Jugendlichen sind **Depressionen**. Oftmals gehen erwachsene Menschen sogar davon aus, dass dieses Krankheitsbild nur ältere Personen betreffen kann. Dies ist allerdings ein Irrglaube, der fatale Folgen für das Kind haben kann. Eine Studie aus dem Jahr 2017 förderte gar erschreckende Zahlen zutage. Demnach hat sich die Häufigkeit von an Depressionen erkrankten Kindern im Alter zwischen zehn und 18 Jahren binnen weniger Jahre drastisch erhöht. Laut der Studie sind mittlerweile fast drei Prozent der Kinder in diesem Altersbereich davon betroffen. Auffällig ist, dass doppelt so viele Mädchen unter der Erkrankung leiden als die gleichaltrigen Jungen. Die Ursachen, die zu solch frühen Depressionen führen, sind vielfältig. In den meisten Fällen finden sie sich jedoch im Umfeld der Schule. Die häufigste Ursache ist demnach der **Leistungsdruck**, den viele Kinder durch ihre Eltern erfahren. Doch auch **Mobbing** inner- sowie außerhalb der Schule steht in der Rangfolge der Gründe ganz weit oben. Neben den Depressionen gibt es weitere Faktoren, die zu einer Abweichung in der Entwicklung führen können, auf die wir im folgenden Abschnitt gemeinsam blicken werden.

10.1 Depressionen bei Kindern und Jugendlichen

Wie bereits erwähnt, trifft die psychologische Erkrankung Kinder und Jugendliche deutlich öfter, als viele es vermuten würden. Aus diesem Grund ist es besonders wichtig, dass eigene Auge zu schulen und genau zu wissen, wie in entsprechenden Situationen zu handeln ist. Nur so lassen sich mögliche Anzeichen erkennen und darauf aufbauend Hilfsmaßnahmen einleiten.

"Depression bei Kindern und Jugendlichen gilt heute als ein ernstzunehmendes Gesundheitsproblem, das in vielen Fällen mit schweren Beeinträchtigungen und Entwicklungsrisiken verbunden ist. Zahlreiche epidemiologische und klinische Studien zeigen ihre vor allem im Jugendalter recht hohe Verbreitung und unterstreichen die Bedeutung von früh einsetzenden Maßnahmen zur Prävention und Psychotherapie."[34]

Bei Kindern und Jugendlichen stellen sich Depressionen häufig sehr facettenreich dar. So kann die Angst vor dem Versagen in der Schule genauso ein Grund für die Entstehung von Depressionen sein, wie es unter

[34] Groen, Gunter; Petermann, Franz (2011): Depressive Kinder und Jugendliche, 2. Auflage, Hogrefe Verlag, Göttingen, S. 13

anderem auch soziale Isolation oder Mobbing sind. Das große Problem liegt vor allem darin, dass viele Erkrankungen gar nicht erst diagnostiziert werden und die Heranwachsenden dadurch oftmals allein mit der Erkrankung bleiben. Aktuellen Schätzungen zufolge bleiben sogar 80 Prozent aller Depressionen bei Kindern und Jugendlichen derzeit unentdeckt.

Wie äußern sich Depressionen?

Um Depressionen oder erste Anzeichen dafür erkennen zu können, ist zunächst ein einigermaßen geschultes, vor allem aber ein achtsames Auge vonnöten. Nur, wenn Du Deinen Blick dafür schärfst, kannst Du etwaige Probleme bei Deinen Kindern feststellen. In den meisten Fällen sind eine traurige Stimmung sowie eine **Apathie** ein erstes Anzeichen für eine depressive Erkrankung. Bei der Apathie handelt es sich um eine Art der Teilnahmslosigkeit. Diese äußert sich primär darin, dass Kinder plötzlich eine Gleichgültigkeit gegenüber ihrer Umwelt und selbst ihren Eltern an den Tag legen. Doch gibt es darüber hinaus auch gegenteilige Reaktionen, die ebenfalls ihre Ursache in einer depressiven Erkrankung haben können. So sind unter anderem auch plötzlich auftretende Aggressionen, eine zunehmende Hyperaktivität oder Agitation Anzeichen, deren Ursachen auf den Grund gegangen werden sollte. Solche Symptome sind häufig auch die Ursache für Fehldiagnosen. Da die Gefahr der Erkrankung bei Kindern und Jugendlichen oft unterschätzt wird, werden die auffälligen Verhaltensänderungen nicht selten anderen **Störungsbildern** zugeordnet. Dies birgt das Risiko, dass die eigentliche **depressive Symptomatik** auf diese Weise übersehen wird.

Darüber hinaus ist auch die **Gefühlslage** von Kindern und Jugendlichen nicht selten entscheidend dafür, dass eine vorhandene Depression nicht diagnostiziert wird. Ausschlaggebend hierfür ist, dass es insbesondere jüngeren Kindern noch schwerfällt, ihre Gefühlswelt nach außen zu tragen und für Erwachsene sichtbar zu machen. An dieser Stelle sei nochmals explizit darauf hingewiesen, dass dies ein entscheidender Grund dafür ist, warum die frühzeitige Förderung sozialer Fähigkeiten so wichtig ist und welche Bedeutung sie im späteren Leben der Kinder haben kann. Doch auch bei der Diagnostik einer möglichen Depression kommt es sehr darauf an, dass Eltern ihren Nachwuchs im Auge haben. Gerade weil die Kommunikation so schwerfällt, sind Psychologen häufig auf die Berichte der Eltern angewiesen, um eine Erkrankung festzustellen und eine bestmögliche Behandlung in die Wege leiten zu können. Es gilt festzustellen, ob es potenzielle Trauer- oder Bewältigungsprozesse gibt, die für die Gefühlslage der Kinder verantwortlich sind. Wenn selbst die Erwachsenen nicht auf solche Momente eingehen und die Kinder im Auge behalten, können auch Fachkräfte meist nur schwer auf die richtige Diagnose kommen. Auch dies lässt sich teilweise darauf zurückführen, dass Depressionen über lange Zeit als typische Erkrankung bei Erwachsenen, jedoch nicht bei Kindern eingestuft wurde. Bis vor etwa 40 Jahren hielt man es sogar für nahezu ausgeschlossen, dass auch Kinder erkranken könnten. Heutzutage steht allerdings fest, dass auch Kinder genauso intensiv und darüber hinaus auch in allen Ausprägungen an dieser schweren Form der psychischen Belastung leiden können. Dabei ist es wichtig, zu wissen, dass es sich nur in den wenigsten Fällen um reine Depressionen handelt. Meist sind sie eher die Begleiterscheinung von weiteren Erkrankungen wie Angststörungen, Drogen- oder Alkoholabhängigkeit sowie Essstörungen. Etwaige Störungen sollten daher seitens der Eltern niemals unterschätzt und stattdessen unmittelbar an den behandelnden Arzt weitergegeben werden. Dies ist unerlässlich für seine Arbeit, um eine korrekte Diagnose zu stellen. Wird hingegen eine falsche Diagnose gestellt, kann das schwerwiegende Folgen haben, da die Behandlung nun auf einem anderen

Konzept aufbaut und entsprechend kaum eine Wirkung zeigen kann. Unter Umständen führt eine falsche Behandlung oder Medikation gar zu einer gegenteiligen Wirkung, welche die Depression weiter verschlimmert.

"Das Wichtigste ist vielleicht die Erkenntnis: Ein depressives Kind ist nicht faul, nicht böse, nicht unerträglich, weil es einfach so sein will. Ein depressives Kind ist krank und benötigt eine Behandlung. Ein depressives Kind ist auch kein Grund, an seinen elterlichen Fähigkeiten zu zweifeln. Es ist ein Grund, zu einem Arzt oder Psychotherapeuten zu gehen. Depressive Kinder bleiben in ihrer Entwicklung zurück. Depressionen heilen meist nicht von alleine. Wer als Kind oder Jugendlicher an einer Depression erkrankt, hat als Erwachsener ein hohes Risiko, wieder daran zu erkranken. Grundsätzlich gilt: Je früher die Behandlung beginnt, desto besser. Anlaufstelle für Eltern ist meist der Kinder- oder Hausarzt. Er kennt das Kind und die Familie. Er kennt auch andere Spezialisten, die weiterhelfen können: Psychotherapeuten und Ärzte, die für die Behandlung von psychisch kranken Kindern und Jugendlichen besonders ausgebildet sind. Rat können Sie auch bekommen bei Erziehungs- und Familienberatungsstellen, die von Städten, Gemeinden, Kirchen oder Wohlfahrtsverbänden getragen werden. Ihr Angebot ist meist kostenlos. Fragen können Sie auch den Klassenlehrer oder den schulpsychologischen Dienst – vor allem, um zu klären, ob sie auch über das Verhalten Ihres Kindes beunruhigt sind."[35]

Da Mädchen im Kindes- und Jugendalter deutlich öfter von Depressionen betroffen sind, bedarf es bei ihnen besonderer Vorsicht. Du solltest daher wissen, dass eine entsprechende Erkrankung inklusive möglicher Warnsignale vorwiegend während der Adoleszenz auftritt. Die Adoleszenz bezeichnet die Zeitspanne zwischen der späten Kindheit, welche über die Pubertät hinweg zum Erwachsensein reicht. Während dieser Zeit sind sie besonders anfällig. Verglichen mit den jüngeren Jahren ist das Risiko zu

[35] Psychotherapeuten Kammer NRW: Depressive Kinder und Jugendliche, S. 3

erkranken etwa um das Vierfache erhöht. Im Durchschnitt beträgt das Alter von an Depressionen erkrankten Mädchen 14 Jahre. Tritt sie auf, so zeigen sich oftmals dieselben oder zumindest ähnliche Symptome. Mädchen ziehen sich dann spontan zurück. Sowohl die Beziehung zu den Eltern, aber auch zu Freunden oder Freundinnen wird merklich schlechter. Auch die schulischen Leistungen fallen in etwaigen Fällen häufig sprunghaft ab. All dies sind Warnsignale, die Du auch als solche verstehen und daher keinesfalls ignorieren solltest. Wer in dieser Phase glaubt, dass es sich rein um pubertäres Verhalten handelt, der neigt auch eher dazu, auf Konfrontation mit seinen Kindern zu gehen. Stattdessen wäre schnelle psychologische Hilfe der einzig richtige Ausweg aus der Situation. Weitere Symptome, auf die Du achten kannst, finden sich bei alltäglichen Abläufen. Treten Depressionen in diesem frühen Alter auf, so gehen sie nicht selten mit Schlafstörungen sowie einem merklich verändert Essverhalten einher. Beim Schlaf äußern sich die Probleme primär darin, dass Jungen und Mädchen plötzlich enorme Schwierigkeiten beim Einschlafen haben. Das Essverhalten hingegen ändert sich fast immer dahingehend, dass deutlich weniger Nahrung aufgenommen wird und generell wenig Appetit besteht. In Ausnahmefällen kann allerdings auch das Gegenteil der Fall sein und die Nahrungsaufnahme nimmt plötzliche rapide zu. Auffällige Veränderung mit Blick auf das Körpergewicht sind oftmals die Folge. Dieser Aspekt ist für viele Eltern ebenfalls schwer zu deuten. Insbesondere während der Pubertät sind die körperlichen Veränderungen und Entwicklungen sehr stark ausgeprägt. Einige Jugendliche wachsen innerhalb dieser Zeit um mehr als zehn Zentimeter, wodurch sich häufig auch eine Gewichtszunahme erklären lässt. Folglich ist es nicht einfach, zwischen einer natürlichen Gewichtszunahme und einer Gewichtszunahme aufgrund einer ernsten Depression zu unterscheiden.

Wie Du bereits gemerkt haben wirst, sind viele Symptome oftmals versteckt und kaum zu identifizieren. Doch gibt es weitere Symptome, auf die Du bei einer möglichen depressiven Erkrankung Deines Kindes achten kannst. Die wohl **ausgeprägteste Verhaltensänderung** bei depressiven Kindern liegt in vielen Fällen im Bereich der **psychomotorischen Verlangsamung**. Dies bedeutet, dass sowohl die körperlichen Bewegungen als auch die Sprache auffällig langsam werden und betroffene Kinder somit sehr träge wirken. In einigen Fällen können Bewegungen und Sprache dann nicht nur langsam, sondern gar vorsichtig wirken. Eine etwaige Verhaltensänderung ist fast immer mit schwerwiegenden psychischen Problemen verbunden, weshalb Du sie keinesfalls ignorieren oder übersehen solltest. Darüber hinaus sind nicht selten auch plötzliche Veränderungen der Gemütslage ein wichtiger Hinweis. Depressive Kinder neigen häufig dazu, irritiert zu wirken und in vielen Situationen grundlos gereizt zu reagieren. In einigen Fällen hat sich sogar herausgestellt, dass betroffene Kinder plötzlich zur **Agitation** neigen. Das bedeutet, dass sie Aggressionen und Gewalt einsetzen, um Mitmenschen – fast immer andere Kinder – zu beeinflussen und zu Handlungen zu zwingen. Neben den bereits genannten möglichen Auffälligkeiten zeigen sich in vielen Fällen auch deutliche Veränderungen in puncto Kleidungsstil. Selbst Kinder, die vorher viel Wert auf ein gepflegtes Äußeres und das Tragen schicker und angesagter Kleidung gelegt haben, ändern plötzlich ihren Kleidungsstil. Meist wird dieser dann als sehr schlampig oder gar ungepflegt beschrieben. Dies entspringt der Tatsache, dass sich betroffenen Kinder in dieser Situation plötzlich wertlos fühlen und das Gefühl haben, dass sie nichts mehr dafür tun müssen, um ihrer Umwelt zu gefallen. Schließlich haben sie längst den Eindruck gewonnen, ihrer Umwelt egal zu sein oder für sich entschieden, den Kontakt zu Mitmenschen reduzieren oder gar abbrechen zu wollen. Eine entsprechende Veränderung darf daher ebenfalls nicht unbeobachtet bleiben. Parallel zum vernachlässigten Kleidungsstil zeigt sich in vielen Fällen auch ein plötzlicher

Mangel an Körperhygiene. Das Äußere wird daher generell deutlich verwahrloster erscheinen als vor der Erkrankung. Diese rein optischen Indikatoren gilt es wahrzunehmen und bei einem entsprechenden Verdacht möglichst zeitnah den Haus- oder Kinderarzt zu konsultieren.

Auch mit Blick auf die Psyche sowie das nach außen vermittelte Verhalten lassen sich nicht selten deutliche Anzeichen erkennen, wenn sie richtig gedeutet werden. Unter Depressionen leidende Kinder weisen mitunter Antriebslosigkeit auf und sind auch in keiner Weise zu irgendwelchen Aktivitäten zu animieren. Etwaige Symptomatik geht dabei in vielen Fällen mit weiteren sichtbaren Veränderungen einher. Betroffene Kinder weisen dann eine regelmäßige Müdigkeit auf, welche auf die bereits angesprochenen Einschlafprobleme zurückzuführen ist. Auch zeigt sich in den meisten Fällen ein hohes Maß an Trauer nach prägnanten sowie negativen Ereignissen. Solche Gefühle können sich bisweilen zu Gedanken entwickeln, welche um das Thema Tod kreisen. Bei besonders heftigen Depressionen setzen sich Kinder dann vermehrt mit dem Thema Tod sowie Selbstmord auseinander. Solltest Du solche Merkmale feststellen, ist ein sofortiges Handeln unumgänglich. Dabei ist es besonders wichtig, zunächst behutsam auf das Kind zuzugehen und es schnellstmöglich in fachgerechte ärztliche Betreuung zu bringen.

Die Ursachen hinter Depressionen bei Kindern sind in der Fachwelt noch immer umstritten. Da sie bis vor einigen Jahrzehnten als nicht existent galten, ist das Forschungsfeld noch relativ neu. Zurzeit wird davon ausgegangen, dass gleich mehrere Faktoren hinter entsprechenden Krankheitsbildern bei Kindern und Jugendlichen stecken. Hierfür wurden unterschiedliche biologische Modelle angelegt, welche äußerst komplex sind. So gehen Forscher derzeit davon aus, dass in erster Linie biochemische sowie genetische Zusammenhänge eine Rolle spielen, welche durch die hormonellen Veränderungen während der **Pubertät** ausgelöst werden. Dabei spielen auch die vorherigen depressiven Erkrankungen innerhalb der Familie eine Rolle. Je mehr Vorerkrankungen es dort gab, desto höher ist die Wahrscheinlichkeit, dass auch Kinder daran erkranken können. Aus diesem Grund solltest Du Dich damit befassen. Je höher Du selbst die Wahrscheinlichkeit angesichts bisheriger Erkrankungen innerhalb Deiner Familie einschätzt, umso wichtiger ist es, während der Pubertät ein wachsames Auge auf Deinen Nachwuchs zu haben.

Neben den biologischen Ursachen haben Forschergruppen allerdings auch weitere Modelle aufgestellt, nach denen es vermehrt zu Depressionen bei Kindern und Jugendlichen kommen kann. Dabei handelt es sich in erster Linie und psychoanalytische sowie psychodynamische Modelle. Sie konnten nachweisen, dass die Wahrscheinlichkeit, an einer Depression zu erkranken, deutlich steigt, wenn Reaktionen auf gescheiterte Beziehungen während der Pubertät wahrzunehmen sind oder diese dadurch ausgelöst werden. Liebeskummer oder Trennungsschmerz sind in jeder Altersgruppe vollkommen normal. Im jugendlichen Alter ist es allerdings oftmals schwerer, mit solchen Situationen umzugehen. Daher kann auch die Trennung vom Partner unter gewissen Umständen dazu führen, dass Kinder an einer Depression erkranken. Selbiges gilt auch für weitere Einflüsse, denen Kinder und Jugendliche in diesem Alter ausgesetzt sind. Das heimische Umfeld spielt dabei eine entscheidende Rolle. Ist dies geprägt von Gewalt, häufigen Streitereien oder aber auch durch nicht beeinflussbare Situationen, wie Todesfälle im näheren Umfeld, dann kann dies mitunter ein Auslöser sein. Um Deinen Nachwuchs zu schützen, solltest Du daher stets bedacht sein, etwaige Konflikte sorgsam aufzuarbeiten und bestmöglich gar nicht erst vor dem Kind auszutragen.

Bis hierhin haben wir eine Vielzahl an möglichen Faktoren und Ursachen für schwerwiegende psychische Erkrankungen wie Depressionen besprochen. Wie wichtig es ist, entsprechende Muster und Merkmale zu bemerken, zeigt das Risiko der **Chronifizierung** bei Kindern und Jugendlichen. Diese sind besonders anfällig dafür, dass die Krankheit Überhand gewinnt und sich manifestiert. Bei vielen Erwachsenen verschwinden depressive Gedanken nach kurzer Zeit wieder. Kinder hingegen sind sehr gefährdet, dass der Zustand dauerhaft anhält und von Zeit zu Zeit schlimmer wird. Und genau an diesem Punkt liegt die große Gefahr. Je länger eine Depression unerkannt und unbehandelt bleibt, desto höher ist das Risiko für gravierende Spätfolgen. Laut Statistiken ist der Suizid mittlerweile die zweithäufigste Todesursache bei Kindern und Jugendlichen. In vielen Fällen erfolgte der Suizid nach einer anhaltenden jedoch nicht erkannten Depression. Zwar muss eine Depression nicht zwangsläufig zu Selbstmordgedanken oder dem Suizid selbst führen, doch sollte eine Chronifizierung in jedem Fall verhindert werden. Wird eine Depression bei Kindern und Jugendlichen nicht erkannt und somit auch nicht behandelt, kann das Auswirkungen bis hin zum Erwachsenenalter haben. In etwaigen Fällen zeigen sich oftmals gravierende psychosoziale Probleme und Schwierigkeiten sowie mögliche weitere psychische Störungen weit nach dem Erreichen des Erwachsenenalters. Dass eine Behandlung so wichtig ist, wird durch die folgenden Zahlen verdeutlicht. Auch wenn es unzählige Möglichkeiten gibt, Depressionen zu behandeln, wird eine bestehende Depression aktuellen Schätzungen zufolge bei 70 bis 80 Prozent der betroffenen Kinder und Jugendlichen gar nicht erst erkannt.

Behandlung von Depressionen bei Kindern und Jugendlichen

Um eine optimale Behandlung bei Depressionen bei Kindern und Jugendlichen gewährleisten zu können, werden meist unterschiedliche Ansätze getestet und nicht selten auch kombiniert. Handelt es sich um leichte bis mittelschwere Depressionen, so reicht in vielen Fällen eine psychosoziale und sozialpädagogische Aufarbeitung sowie eine Psychotherapie. Wiegt der Fall schwerer, so ist eine zusätzliche pharmakologische Behandlung meist nicht zu verhindern. Essenziell für eine adäquate Behandlung ist in erster Linie aber die Wahl der richtigen Maßnahmen. Diese sind primär vom kognitiven sowie emotionalen Entwicklungsstand des Patienten abhängig. Sind betroffene Kinder noch sehr jung, so bieten sich häufig Spieltherapien an, während zeitgleich auch die Eltern im Umgang mit der Erkrankung sowie den Kindern geschult werden. Ältere Kinder hingegen sprechen vermehrt auf psychodynamische Verfahren sowie Familientherapien an. Je nach Schwere der Depression empfiehlt sich zudem eine kognitive Verhaltenstherapie. Dabei geht es in erster Linie um die Stärkung des Selbstwertgefühls und der inneren Umstrukturierung. Nicht selten sind entsprechende Patienten von Aggressionen geprägt, welche durch eine etwaige Behandlung ebenfalls in den Griff bekommen werden können. Aufgrund der vielfältigen Behandlungsmöglichkeiten ist es ratsam, gegebenenfalls eine Zweitmeinung einzuholen, bevor Du Dich übereilt für eine Behandlung entscheidest.

Lassen sich Depressionen bei Kindern und Jugendlichen verhindern?

Bis heute konnten Wissenschaftler noch nicht klären, ob eine Prävention depressiver Erkrankungen bei Kindern und Jugendlichen möglich ist. Dennoch gibt es einige Programme, die sich genau mit dieser Frage beschäftigen und Testreihen aufgestellt haben. Hierzu zählt auch eine Forschergruppe der Universität Basel. Dort wird derzeit geprüft, ob eine frühzeitige und umfassende Aufklärung zum Thema psychischer Erkrankungen das Risiko mindern kann, dass Kinder und Jugendliche daran erkranken. Dem Test liegt die Annahme zugrunde, dass ein umfangreiches Wissen der psychischen Prozesse einen schützenden Einfluss hat. Zur Durchführung der Studie wurden daher zahlreiche Schüler aus Deutschland und der Schweiz im Alter von 14 bis 15 Jahren zunächst intensiv mit den Entstehungsprozessen etwaiger Erkrankungen sowie den Folgen vertraut gemacht. Somit wurden ihnen zeitgleich Strategien zur Vermeidung beigebracht und wie sie sich im Falle einer eintretenden Depression idealerweise verhalten sollten. Sechs Monate später wurden die Schüler erneut getestet und das beigebrachte Wissen abgefragt. Dabei kam Erstaunliches zum Vorschein, wobei dieser Punkt auch als sehr risikoreich eingestuft werden darf. Während viele der Gymnasiasten der Testreihe einen Großteil das Wissen noch immer abrufen konnten, war dies bei den gleichaltrigen Hauptschülern nicht mehr der Fall. Entsprechend kann zunächst geschlussfolgert werden, dass der Umgang mit Depressionen bei intelligenteren Kindern besser ist, während weniger intelligente es schwer haben. Dies bedeutet jedoch nicht, dass die Gymnasiasten deshalb auch weniger anfällig für die Erkrankung sind. Letztlich kamen die Forscher aber zu dem Schluss, dass es zunächst weitere Versuche benötigt, um ein eindeutiges Ergebnis zu erzielen, ob und wie Kinder vor Depressionen geschützt werden können. In Summe sind sich die Forscher dennoch in einem Punkt einig. Die Zahl der von Depressionen betroffenen Kindern und Jugendlichen ist während der letzten Jahre nicht nur deutlich gestiegen. Vielmehr gehen sie davon aus, dass die Zahl auch zukünftig weiter steigen wird, sofern keine präventiven Maßnahmen ergriffen werden.

Welche Rückschlüsse kannst Du für Dich ziehen?

Depressionen gehören zu den schwerwiegendsten und vor allem auch am meisten verbreiteten psychischen Erkrankungen. Auch wenn oftmals fälschlicherweise angenommen wird, dass Kinder und Jugendliche nicht darunter leiden können, ist genau das Gegenteil der Fall. Viel zu oft werden Depressionen bei Kindern übersehen oder mit einer falschen Diagnose übermalt. Doch kannst Du selbst eine ganze Menge dazu beitragen, dass Risiko für eine Erkrankung bei Deinen eigenen Kindern zu minimieren, auch wenn sie niemals gänzlich ausgeschlossen werden kann. Grundlage für ein geringes Risiko ist zweifelsfrei eine gesunde **Eltern-Kind-Beziehung**. Je intensiver und vertrauter die Beziehung zwischen Eltern und Kindern ist, umso eher lassen sie sich bei mentalen und psychischen Problemen helfen. Ist die Beziehung hingegen schlecht, so werden sie sich mit ihren Problemen vor der Außenwelt verschließen. Daher solltest Du insbesondere während der Pubertät nachsichtig sein, auch wenn sich die Kinder häufig daneben benehmen. Der sich rasch verändernde Hormonhaushalt führt unweigerlich zu einer Änderung des Wesens, das in gewisser Weise schlichtweg akzeptiert werden muss. Hinzu kommt, dass ein vertrauensvolles Verhältnis die Grundlage dafür ist, dass sich betroffene Kinder nicht vor Ärzten verschließend. Auch dies ist ein wichtiger Faktor bei der Behandlung von Depressionen.

Selbst wenn das Verhalten der Kinder oft aufmüpfig und teils aggressiv wirken kann, solltest Du hin und wieder nach dem Befinden fragen. Stelle ruhig die Frage, wie es Deinem Kind geht, ob es sich häufig traurig oder unglücklich fühlt und gehe den Gründen nach. Werden diese Fragen des Öfteren bejaht, so empfiehlt es sich, einen Facharzt zu konsultieren. Bei solchen Gesprächen ist es allerdings wichtig, dass Du Dein Kind nicht dazu drängst, sofort zu antworten. Vielmehr geht es darum, ihm einen regelmäßigen Raum zu bieten, in dem es sich Dir anvertrauen und öffnen kann. Weiterhin sollten diese Gespräche nur bedingt von Dir ausgehen. Der Redeanteil sollte überwiegend beim Kind liegen. Es soll das Gefühl bekommen, dass Du Dich seiner Probleme annehmen und es nicht belehren möchtest. Dabei solltest Du auch pauschale Aussagen vermeiden. "Das wird schon wieder" oder "Jetzt reiß Dich doch mal zusammen" sind wenig förderlich und erzeugen häufig nur noch mehr Druck. Du solltest

Dir der Tatsache bewusst sein, dass betroffene Kinder nichts dafürkönnen, dass sie sich in dieser Lage befinden. Entsprechend ist ihnen auch nicht bewusst, wie sie selbst damit umgehen müssen. Sei geduldig und biete Dich regelmäßig als Gesprächspartner mit einem offenen Ohr an. Eine gesunde Beziehung zwischen Kind und Eltern ist hierbei das A und O, das ohne jeglichen Druck gepflegt werden sollte.

10.2 Motorische Entwicklungsstörungen bei Kindern und Jugendlichen aufgrund psychologischer Faktoren

Die Entwicklung der eigenen **Motorik** ist in Kombination mit der eigenen Wahrnehmung die Grundlage für die höchste menschliche Leistungsfähigkeit, die wir generell erst nach vielen Jahren und den dabei gemachten Erfahrungen erreichen. In der gesamten Entwicklung eines Kindes spielt sie daher eine entscheidende Rolle. Kommt es während der Entwicklungsprozesse zu Störfaktoren, so kann darunter auch die **motorische Entwicklung** massiv leiden. Sind die motorischen Fähigkeiten erst einmal gestört, so bedeutet dies zeitgleich eine deutliche Beeinträchtigung des Kindes. Sowohl der Bewegungs- als auch der Handlungsspielraum leiden in der Folge darunter. Doch damit beginnt der Rattenschwanz lediglich. Aus diesen Einschränkungen heraus können sich weitere Probleme ergeben. So kann eine verminderte Motorik beispielsweise dazu führen, dass das **Selbstwertgefühl** sinkt und weitere Bereiche der individuellen Persönlichkeit dadurch beeinträchtigt werden. Aus diesem Grund ist es wichtig, die Entwicklung der Motorik stets im Auge zu behalten, um im Ernstfall frühzeitig einschreiten zu können. Werden etwaige Störungen beobachtet, so sollten so früh wie möglich Maßnahmen eingeleitet werden, die die Spätfolgen auf ein Minimum reduzieren.

Warum ist die Motorik so wichtig?

Schon einfache Bewegungen in unserem Alltag wie das Gehen, Bewegen oder Greifen sind hochkomplexe Muskelaktivitäten. Im Hintergrund werden sie durch eine Vielzahl an ebenfalls komplexen **neuronalen Prozessen** gesteuert. Häufig ist uns dabei gar nicht bewusst, welche enormen Fähigkeiten wir Menschen besitzen. Für uns scheinen viele Sachen einfach normal zu sein, da wir sie gar nicht anders kennen. Doch allein der aufrechte Stand, den nur wir vollführen können, ist bereits ein Wunder der Natur und zeigt, welch komplexe Vorgänge nötig sind, um diesen überhaupt gewährleisten zu können. Damit es überhaupt zu einer solchen Haltung oder gar dem aufrechten Gang kommen kann, bedarf es einer Vielzahl an zusammenhängenden motorischen Zentren. Diese Zentren erstrecken sich über vielfältige Bereiche des zentralen Nervensystems. Hierzu gehören unter anderem das Rückenmark, aber auch die Hirnrinde, das Groß- sowie Kleinhirn oder das limbische System. Da all diese Zentren unweigerlich auch mit emotionalen Einflüssen in Verbindungen stehen, wird deutlich, warum die psychologische Gesundheit so wichtig für die menschliche Motorik ist. Werden Kinder oder Jugendliche auf emotionale Art und Weise in ihrer Entwicklung gestört, kann dies daher auch zu Konsequenzen hinsichtlich der Motorik führen. Darüber hinaus ist die Motorik für weit mehr verantwortlich als nur das Stehen, Laufen oder Bewegen. Auch das Sprechen wird direkt von der Motorik beeinflusst. Bei genauerer Betrachtung lässt sich sogar sagen, dass die Fähigkeit zu sprechen zu den anspruchsvollsten feinmotorischen Leistungen gehört, zu denen wir in der Lage sind. Um sich der Komplexität dieser Fähigkeit bewusst zu werden, solltest Du Dir das Sprechen einmal genauer vor Augen führen. Stelle Dir hierzu einen beliebigen Satz vor, der Dir gerade einfällt und sprich ihn laut aus. Achte dabei minutiös darauf, welche Bewegungen Zunge und Lippen dabei machen und wie unterschiedlich die einzelnen Bewegungsmuster sind. Mit Sicherheit wirst Du nun selbst ganz bewusst wahrgenommen haben, wie komplex dieser Vorgang eigentlich ist, so selbstverständlich er auch erscheinen mag. Wird die Motorik während der Entwicklung jedoch durch psychische oder anderweitige Probleme gehemmt oder gestört, fällt es Kindern oder Jugendlichen ungleich schwerer, diese facettenreiche Motorik zu erlernen und zu verinnerlichen.

"Insgesamt tragen die vielfältigen körperlichen Aktivitäten erheblich zur Steigerung der eigenen Geschicklichkeit bei. Wenn ein Kind keine ausreichenden Übungsmöglichkeiten hat oder nutzt, besteht die Gefahr einer Beeinträchtigung des Selbstwertgefühls, das auch von körperlichen Fertigkeiten mitbestimmt wird. Wenn ein Kind annimmt, es sei plump und ungeschickt, weil Gleichaltrige das zu denken scheinen, kann es mit Rückzug aus sozialen Situationen reagieren. Dann wird ein Kind vielleicht die Teilnahme an Spielen verweigern, weil es Angst hat, sich wegen seiner Ungeschicklichkeit zu blamieren. Als Folge davon könnte die ohnehin schon unzureichende Übungsgelegenheit noch weiter vermindert werden. Wenn Kinder dagegen während des Grundschulalters einen hohen Grad an körperlicher Geschicklichkeit erlangen, besitzen sie gute Voraussetzungen, sich bei Gleichaltrigen großer Beliebtheit zu erfreuen.[36] Schon früh im Leben erfährt ein Kind somit, dass sein Aussehen und sein körperliches Können mitbestimmen, wie es von anderen behandelt wird, und diese anderen nehmen durch ihr Verhalten wiederum Einfluss darauf, welche Einstellungen das Kind zu sich selbst entwickelt."[37]

Solltest Du Dir unsicher sein, ob Dein Sprössling unter Umständen in seiner motorischen Entwicklung hinterherhängt, so kannst Du Dich an einen klinischen Psychologen wenden. Dieser wird umfangreiche Test machen, um herauszufinden, ob die motorische Entwicklung entsprechend dem

---

[36] Cratty, Bryant J. (1986): Perceptual and Motor Development in Infants and Children, Prentice-Hall, New Jersey

[37] Mietzel, Gerd (2002): Wege in die Entwicklungspsychologie – Kindheit und Jugend, Beltz Verlag, Weinheim, S. 295

Alter verläuft, oder ob Störungen vorliegen, die behandelt werden sollten. Hierzu wird nicht nur die motorische Entwicklung in Augenschein genommen. Vielmehr wird der Facharzt die Gesamtentwicklung des Kindes beobachten. So gilt es unter anderem herauszufinden, ob pathologische Verhaltensmuster zu erkennen sind, die nicht zum regulären Entwicklungsverlauf gehören. Je früher solche Tests gemacht werden, desto einfacher lassen Kinder sich auch darauf ein. Dies ist insbesondere dem Umstand geschuldet, dass der Großteil entsprechender Tests eher einem Spiel gleichen und sie sich weniger als eine ärztliche Untersuchung anfühlen. Zu den bekanntesten und verbreitetsten Übungen zählen hierbei der Hampelmann-Sprung, das Stehen auf einem Bein mit geschlossenen Augen oder das einbeinige Hüpfen. Fachärzte mit einer modernen Philosophie werden diese Tests zusätzlich per Videoaufzeichnung festhalten, um sie detailliert auswerten zu können.

Wie häufig treten motorische Störungen bei Kindern und Jugendlichen auf und welche Ursachen gibt es?

Anhand aktueller Studien lässt sich der prozentuale Anteil von Kindern im Vorschulalter mit motorischen Störungen auf etwa fünf Prozent festlegen. Bei Schuleingangsuntersuchungen hingegen wird von etwa fünf bis zehn Prozent der getesteten Kinder berichtet, die unter etwaigen Störungen leiden. Auffällig dabei ist, dass Jungen etwa doppelt so häufig davon betroffen sind wie die gleichaltrigen Mädchen. In den meisten Fällen konnte beobachtet werden, dass die motorischen Störungen meist Hand in Hand mit sensorischen Störungen auftreten. Das bedeutet, dass sie meist in einem direkten oder indirekten Zusammenhang mit eingeschränkten Fähigkeiten in puncto Sehfähigkeit oder Schwerhörigkeit stehen. Insbesondere bei Kindern mit einer Hörbehinderung ist zeitgleich meist das Gleichgewicht beeinträchtigt. Eine weitere Studie, welche in den 1970er Jahren in Schweden durchgeführt wurde, konnte zudem weitere Zusammenhänge belegen. So beobachteten die Forscher, dass verhaltensauffällige Kinder deutlich öfter von motorischen Störungen betroffen sind, als Kinder, deren Verhalten als nicht auffällig beschrieben wird. Hinsichtlich der Ursachen können diese sehr vielfältig sein. In vielen Fällen handelt es sich bei den Ursachen um organische Einflüsse. Hierzu werden unter anderem chronische Entzündungen, Anfallsleiden, Anomalien im Bereich der Chromosomen sowie Verzögerungen im Reifestadium gezählt. Darüber hinaus können jedoch auch psychische Faktoren den Ausschlag für motorische Störungen geben. Mangelnde Versorgung, Misshandlungen innerhalb der Familie oder im Freundeskreis sowie längere psychische Belastungen oder schwerwiegende Erkrankungen im Familienumfeld sind nachweislich ebenfalls entscheidende Faktoren.

Behandlungsoptionen bei motorischen Entwicklungsstörungen

Sollte Dein Kind motorisch unterentwickelt sein, so ist dies kein Grund, direkt in Panik auszubrechen. Die gute Nachricht ist, dass die meisten Leistungsrückstände im Bereich der motorischen Entwicklung therapiert werden können. Zwar kann nicht immer gewährleistet werden, dass die Entwicklungsstufe trotz Therapie ein normales Niveau erreicht, doch ist es fast immer möglich, eine deutliche Besserung herbeizuführen. Selbst Kinder mit eindeutigen sensorischen Defiziten oder Intelligenzminderungen können mithilfe eines speziell auf sie abgestimmten Trainings nah an das reguläre Leistungsniveau herangeführt werden.

Zu diesen **Trainingsprogrammen** zählen unter anderem:

- Das perzeptivmotorische Training nach Kephard
- Die sensorisch-integrative Therapie nach Ayres
- Das kinästhetische Training nach Laszlo und Bairstow

Über die Jahre hinweg hat sich die Forschung auf diesem Gebiet Schritt für Schritt verbessert. So handelt es sich bei den oben aufgeführten Programmen um nachweislich praktikable Optionen, um Defizite aufzuholen. Allerdings sei an dieser Stelle darauf hingewiesen, dass es mittlerweile auch eine Vielzahl an präventiven Möglichkeiten gibt. Wer sein Kind also frühzeitig vor etwaigen Störungen schützen möchte, der sollte einen wichtigen Aspekt beherzigen. Die Schulmedizin ist heutzutage der Überzeugung, dass ein Großteil der Entwicklungsstörungen durch rechtzeitige Therapien bei auffälligen Verhaltensstörungen bereits im Vorfeld eliminiert werden kann. Aus diesem Grund solltest Du keinesfalls zögern, wenn Du auf entsprechende Auffälligkeiten aufmerksam wirst. Dies wird auch durch Wissenschaftler und Ärzte dringend empfohlen. Ihrer Meinung nach ist es nicht nur sinnvoll, sondern vielmehr sogar notwendig, motorische Defizite bei Kindern zu beheben und die Leistungsfähigkeit zu steigern. Dies ist dem Umstand geschuldet, dass eine verminderte Bewegungsmöglichkeit verantwortlich dafür ist, dass Kinder von ihrem Alter entsprechenden Aktivitäten mit anderen Kindern ausgeschlossen werden könnten. Die Folge daraus kann ein stark sinkendes Selbstwertgefühl sein, wodurch sich ein Teufelskreis ergibt. Denn wie bereits angesprochen, sind psychologische Aspekte ihrerseits ebenfalls verantwortlich für die Entwicklung der Motorik. Um tatsächliche Erfolge durch die Übungen herbeizuführen, sollte es keinesfalls zu einem Zwang für das Kind werden. Es gilt darauf zu achten, dass alle Übungen mit möglichst viel Spaß verbunden sind, da somit die Motivation zeitgleich gesteigert wird. Ziel ist es, eine natürliche Freude an Bewegung zu fördern und auf diese

Weise das Vertrauen in die eigenen motorischen Leistungen zu stärken. Auf diese Weise wird auch sichergestellt, dass das Kind nach erfolgreicher Therapie wieder in der Lage ist, mit anderen Kindern dem Altersniveau entsprechend zu spielen.

Dabei solltest Du wissen, dass auch Du als Elternteil einen entscheidenden Beitrag zum Erfolg der Therapie oder des Trainings beitragen kannst. Zunächst einmal geht es dabei um Akzeptanz. Als Elternteil musst Du Dir der Situation bewusstwerden, dass Dein Kind nicht so geschickt ist wie andere Kinder und es diesen Punkt vielleicht auch nie erreichen kann. Auf der anderen Seite musst Du aber auch sicherstellen, dass Du aufgrund der motorischen Entwicklungsstörung nicht zu fürsorglich mit Deinem Kind umgehen solltest. Niemandem ist geholfen, wenn der Nachwuchs in solch einer Situation überbehütet oder besonders geschont wird. Stattdessen sollte der Fokus darauf liegen, ständig neue Reize für das Kind zu schaffen, sich selbstständig zu bewegen und an Aktivitäten teilzunehmen, welche die Motorik besonders schulen oder trainieren. Hin und wieder bedarf es vielleicht eines kleinen Schubsers, um es zu Aktivitäten wie Radfahren oder Schwimmen zu überreden. Doch sollte dies niemals unter Zwang geschehen. Gleichwohl musst Du verhindern, dass Du aus Fürsorge damit beginnst, Dein Kind vor etwaigen Aktivitäten zu bewahren oder davon auszuschließen. Andernfalls wird somit das Risiko erhöht, dass das Kind über die Zeit hinweg zunehmend von Bewegungsherausforderungen abrückt und diese meidet. Dies sollte jedoch in keinem Fall geschehen, da die Folgen hinsichtlich der motorischen Entwicklung nun noch schwieriger zu verhindern wären. Eine regelmäßige, freiwillige und auf Spaß basierte Übung ist das Beste, was Du Deinem Kind an dieser Stelle bieten kannst. Hierzu kannst Du Dich selbstverständlich einiger Kniffe bedienen, um die Motivation zu fördern und Dein Kind zu ermutigen.
Traut sich der Nachwuchs nicht, an einer Aktivität teilzunehmen, so kannst Du beispielsweise kleine Anreize wie Belohnungen schaffen. Das

Prinzip der Belohnungen wird heutzutage selbst von Athleten gepflegt, um sich selbst immer weiter anzutreiben. Ist Dir der Begriff "Cheat-Day" geläufig? Dabei handelt es sich insbesondere bei Kraft- und Ausdauersportlern um einen ganz besonderen Tag in der Woche oder im Monat, an dem sie sich selbst belohnen. Während sie im normalen Alltag auf gesunde Ernährung setzen, um sich fit zu halten und ihre Trainingspläne zu unterstützen, belohnen sie sich an diesem besonderen Tag für ihre Mühen. Dann können sie all das essen, was ihnen sonst durch Trainings- und Ernährungsplan untersagt ist. Nach selbigem Prinzip lässt sich auch die Motivation von Kindern fördern, wenn es darum geht, die motorische Leistungsfähigkeit zu erhöhen. Stelle dem Nachwuchs einfach eine Belohnung in Aussicht, wenn er sich heute dazu aufrafft, beispielsweise Rad zu fahren, laufen oder schwimmen zu gehen. Es muss keine großartige oder kostspielige Belohnung sein. Es reicht vollkommen aus, wenn sie sich förderlich auf die Motivation auswirkt.

Nicht vergessen werden sollte auch die Belohnung in Form verbalen Zuspruchs. Selbstverständlich kann auch die verbale Unterstützung ein großer Antrieb sein. Wer von außen dafür gelobt wird, dass er sich sportlich betätigt oder seine Übungen absolviert, der fühlt sich dadurch auch bedeutend besser, da seine Leistungen gewürdigt werden. Entsprechend solltest Du zunächst einen Anreiz schaffen, um Dein Kind zu gewissen Aktivitäten zu motivieren, indem Du eine Belohnung auslobst. Nach verrichteter Tätigkeit wird dann nicht nur die Belohnung ausgegeben, sondern zusätzlich verbaler Applaus vermittelt. Nach und nach wird sich Dein Kind somit sogar darauf freuen, etwaigen Tätigkeiten nachzugehen, da es zusätzlich auch Leistungsfortschritte bemerken wird. Fakt ist, Motivation ist das A und O. Das solltest Du immer im Hinterkopf behalten.

"Die Höhe des **Selbstwertgefühls** bestimmt sich aber nicht nur danach, wie nahe man den Wunschvorstellungen in einem hoch bewerteten

Bereich kommt, sondern hängt nach Harters Erkenntnissen auch davon ab, welchen Zuspruch, welche Anerkennung ein Kind nach seinem subjektiven Eindruck insgesamt von bedeutsamen Menschen empfängt; das sind in der Regel vor allem die Eltern und Gleichaltrige. Sofern ein Kind zu dem Schluss gelangt, dass andere wichtige Personen es so akzeptieren und anerkennen, wie es nun einmal ist, besitzt es höchstwahrscheinlich ein höheres Selbstwertgefühl als ein anderes, das von solchen Menschen weniger Zuspruch erhält. Die Entwicklung des Selbstwertgefühls hängt demnach von mindestens zwei Bedingungen ab, und wenn eine nur unzureichend vorhanden ist, vermag die zweite auch unter günstigsten Umständen keinen Ausgleich zu schaffen. Das zeigte sich bei Schülerinnen und Schülern dritter und vierter Schuljahre. Einige von ihnen gingen davon aus, den Wunschvorstellungen in einem hoch bewerteten Bereich sehr nahe zu kommen, aber sie wiesen dennoch ein vermindertes Selbstwertgefühl auf, weil sie Anerkennung und Zuspruch von Seiten wichtiger Personen als zu gering empfanden. Ebenso gilt das Umgekehrte: Ein Kind mag die Unterstützung wichtiger Mitmenschen erhalten, jedoch ein geringeres Selbstwertgefühl besitzen, weil es ständig bemerkt, dass es seinen eigenen Ansprüchen in einem hoch bewerteten - etwa im schulischen oder sportlichen - Bereich nicht gerecht zu werden vermag."[38]

[38] Mietzel, Gerd (2002): Wege in die Entwicklungspsychologie – Kindheit und Jugend, Beltz Verlag, Weinheim, S. 296

11. FAZIT

Die psychologische Entwicklung von Kindern gehört zu den komplexesten Prozessen, die es auf der Erde gibt. Allein das Zusammenspiel der unterschiedlichen Faktoren trägt dazu bei, dass selbst geringfügige Entwicklungsstörungen zu dauerhaften und gravierenden Problemen führen können. Umso wichtiger ist es, dass Kinder frühzeitig unterschiedlichste Fähigkeiten beigebracht bekommen. Zwar sind sie in der Lage, viele Fähigkeiten selbst zu entwickeln, doch unterliegt diese Entwicklung ebenfalls einer Vielzahl äußerer Einflüsse. Ganz wichtig ist hierbei die soziale Kompetenz. Ist diese eingeschränkt, so wirkt sich dies auch auf kognitive Prozesse aus. Wird Sozialkompetenz nicht ausreichend geschult, kann sie sich nur schwer ausprägen. Die Folgen einer solchen Unterentwicklung können bisweilen gravierend sein und heftige Einflüsse auf das spätere Leben haben. So kommen Studien zu dem Schluss, dass sozial unterentwickelte Kinder deutlich öfter zu Aggressionen neigen als sozial gefestigte Kinder. Auch besteht ein gesteigertes Risiko, dass die Knüpfung sozialer Kontakte wenig bis gar nicht funktioniert. Je älter und selbstreflektierter entsprechende Kinder werde, desto eher führt dies in eine Abwärtsspirale, aus der sie kaum noch herauskommen. Sie fühlen sich zunehmen isoliert von der Gesellschaft und ziehen sich nach und nach zurück, da somit auch das Selbstbewusstsein abhandenkommt, auf andere Menschen zugehen zu können. Auch ist der Umgang mit üblichen sozialen Konventionen und Regeln kaum noch möglich. Während Regeln häufig ignoriert oder nicht akzeptiert werden, können zudem Lernschwierigkeiten auftreten. Diese sind darin begründet, dass eben die besagten Regeln oder Konventionen nicht so greifen, wie sie sollten. Daraus resultiert ein automatischer Impuls, der die Zielsetzung von Aufgaben oder Hausaufgaben unbewusst infrage stellt.

Auch die emotionale Ebene von Kindern ist ein wichtiger Aspekt ihrer Entwicklung. Die Grundlage hierfür bildet eine möglichst optimale Beziehung zwischen dem Kind und seinen Eltern. Fühlt es sich geborgen, geliebt und versorgt, so stellt es sich kommenden Aufgaben mit mehr Selbstvertrauen entgegen. Die Urverbindung ist zudem ausschlaggebend für die Entwicklung des Selbstkonzepts, welches neben dem Selbstvertrauen auch das Selbstverständnis umfasst. Je ausgeprägter das Selbstkonzept eines Kindes ist, desto einfacher kann es sich später in die sozialen Strukturen eingliedern.

Zu guter Letzt sei noch einmal explizit darauf hingewiesen, dass die Entwicklung Deines Kindes in vielfältiger Hinsicht durch die Eltern beeinflusst werden kann. Sie erfüllen nicht nur eine Vorbildrolle und stellen die Familienoberhäupter dar. Vielmehr sind Eltern diejenige Person im Umfeld eines Kindes, von denen es am meisten lernen kann. Bereits wenige Monate nach der Geburt können gezielte Übungen dabei helfen, die Sensomotorik zu verbessern. Das Kind lernt auf diese Weise, früh seine Sinne einzusetzen, seinen Körper zu nutzen und diesen gezielt zu bewegen. Selbiges gilt auch für die Intelligenz eines Kindes. Schon unsere Gene geben vor, wie viel Potenzial in uns steckt. Dieses Potenzial kann von Mensch zu Mensch komplett unterschiedlich sein. Du solltest Dir bei der Erziehung Deines Kindes allerdings der Tatsache bewusst sein, dass kein Mensch von Natur aus in der Lage ist, das volle Potenzial seiner Intelligenz auszunutzen. Folglich kannst Du diesen Umstand gezielt nutzen und Dein Kind dahingehend fördern. Neben einer intakten Beziehung, dem Vermitteln von Werten wie Moral und gesellschaftlichen Konventionen solltest Du dies als eine Deiner Hauptaufgaben ansehen. Zumal Du dafür nicht viel tun musst. Lies Deinem Kind vor, verleitet es dazu, viel zu lesen, und lasse es schon in jungen Jahren mit anderen Kindern spielen. Auf diese Weise lernt es früh den Umgang mit anderen Menschen und kann kognitive Prozesse schneller erlernen und sie vor allem auch besser ausnutzen als Kinder, denen diese Möglichkeiten verwehrt bleiben. Sei Dir immer im Klaren darüber, dass diese Entscheidungen nicht von Deinem Kind getroffen werden. In jungen Jahren ist es dafür noch zu klein. Früher oder später wird es seine Selbstständigkeit entwickeln und seinen Weg gehen, aber bis dahin hast Du den größten Einfluss auf das spätere Leben Deines Kindes. Die Art und Weise, wie Du mit Deinem Kind umgehst, wird prägender sein als alle anderen Erfahrungen. Doch sollte dabei niemals Druck, Aggression oder Gewalt eine Rolle spielen. Kinder lernen zunächst spielerisch. Den Ernst des Lebens sollten sie später selbst kennenlernen. Deine Aufgabe ist es, Dein Kind bestmöglich darauf vorzubereiten.

Rechtliches und Impressum

Die Inhalte dieses Buches wurden anhand von anerkannten Quellen recherchiert und mit hoher Sorgfalt geprüft. Der Autor übernimmt dennoch keinerlei Gewähr für die Aktualität, Richtigkeit und Vollständigkeit der bereitgestellten Informationen.
Haftungsansprüche gegen den Autor, welche sich auf Schäden gesundheitlicher, materieller oder ideeller Art beziehen, die durch Nutzung oder Nichtnutzung der dargebotenen Informationen bzw. durch die Nutzung fehlerhafter und unvollständiger Informationen verursacht wurden, sind grundsätzlich ausgeschlossen, sofern seitens des Autors kein nachweislich vorsätzliches oder grob fahrlässiges Verschulden vorliegt. Dieses Buch ist kein Ersatz für medizinische oder professionelle Beratung und Betreuung.
Dieses Buch verweist auf Inhalte Dritter. Der Autor erklärt hiermit ausdrücklich, dass zum Zeitpunkt der Linksetzung keine illegalen Inhalte auf den zu verlinkenden Seiten erkennbar waren. Auf die verlinkten Inhalte hat der Autor keinen Einfluss. Deshalb distanziert der Autor sich hiermit ausdrücklich von allen Inhalten aller verlinkten Seiten, die nach der Linksetzung verändert wurden. Für illegale, fehlerhafte oder unvollständige Inhalte und insbesondere für Schäden, die aus der Nutzung oder Nichtnutzung solcherart dargebotener Informationen entstehen, haftet allein der Anbieter der Seite, auf welche verwiesen wurde, nicht aber der Autor dieses Buches.

1. Auflage

ISBN: 978-3-98935-524-8

Lucid Page Media (ein Imprint der Orbita Media GmbH)
Ericusspitze 4
20457 Hamburg
Deutschland
kontakt@lucidpagemedia.de

Umschlaggestaltung: chaela (www.chaela.de) unter Verwendung
eines Motivs von ibrandify / Freepik
Lektorat: Eugenie Dsos
Formatierung: individualgraphics
Layout: individualgraphics

Quellenverzeichnis

Arbinger, Roland (2001): Entwicklung des Denkens

Brunner, Martin; Keller, Ulrich; Dierendonck, Christophe; Reichert, Monique; Ugen, Sonja; Fischbach, Antoine; Martin, Romain (2010): The Structure of Academic Self-Concepts Revisited – The Nested Marsh/Shavelson Model. In: Journal of Educational Psychologie, Vol. 102 (4), S. 964-981

Burghardt. Daniel (2014): Homo spatialis – Eine pädagogische Anthropologie des Raums, Beltz Verlag, Weinheim Basel

Byrne, Barbara M. (1996): Measuring self-concepts across the life span – Issues and instrumentation, American Psychological Association, Washington DC

Cratty, Bryant J. (1986): Perceptual and Motor Development in Infants and Children, Prentice-Hall, New Jersey

Dittmar, Vivien (2014): Kleine Gefühlskunde für Eltern – Wie Kinder emotionale und soziale Kompetenz entwickeln, 4. Auflage, Verlag VCS Dittmar

Eckert, Marcus; Tarnowski, Torsten; Merten, Luise (2019): Stress- und Emotionsregulation für Jugendliche – Trainingsmanual zum Programm Stark im Stress, Beltz Verlag, Weinheim Basel

Ehm, Jan-Henning; Duzy, Dagmar; Hasselhorn, Marcus (2011): Das akademische Selbstkonzept bei Schulanfängern – Spielen Geschlecht und Migrationshintergrund eine Rolle. In: Frühe Bildung, 0, Hogrefe Verlag, Göttingen, S. 37-45

Filipp, Sigrun-Heide (2006): Entwicklung von Fähigkeitsselbstkonzepten. In: Zeitschrift für Pädagogische Psychologie, Vol. 20, S. 65-72

Götze, Alexandra; Ziegenbalg, Steffi; Mälzer, Yvonne (2018): Förderung der emotionalen und sozialen Entwicklung von Kindern im Anfangsunterricht der Grundschule, Sächsisches Staatsministerium für Kultus (Hrsg.), S. 3

Groen, Gunter; Petermann, Franz (2011): Depressive Kinder und Jugendliche, 2. Auflage, Hogrefe Verlag, Göttingen

Guerra, Nancy G.; Bradshaw, Catherine (2008): Linking the Prevention of Problem Behaviors and Positive Youth Development – Core Competencies for Positive

Youth Development and Risk Prevention. In: Guerra, Nancy G.; Bradshaw, Catherine (Hrsg.): New Directions for Child and Adolescent, Volume 122, S. 1-17

Hörburger, Renate (2002): Selbstbewusstsein – Wie Erwachsene sich und ihre Kinder stärken, 2. Auflage, Klett-Cotta Verlag

Jugert, Gert; Rehder, Anke; Notz, Peter; Petermann, Franz (2017): Soziale Kompetenz für Jugendliche – Grundlagen und Training, 9. Auflage, Beltz Verlag, Weinheim Basel

Kasten, Hartmut (1991): Beiträge zu einer Theorie der Interessenentwicklung

Kasten, Hartmut (2014): Entwicklungspsychologische Grundlagen der frühen Kindheit und frühpädagogische Konsequenzen

Largo, Remo, H. (2019): Das passende Leben – Was unsere Individualität ausmacht und wie wir sie leben können, Zeitverlag Gerd Bucerius, Hamburg

Lehnert, Folker; Felicitas, Lehnert (2012): Ehe in der Teeniekrise – Wenn Eltern in die Pubertät ihrer Kinder kommen - 12 Denkanstöße, Neukirchener Verlagsgesellschaft, Neukirchen- Vluyn

Lerner, Richard M.; Lerner, Jacqueline; Almerigi, Jason; Theokas, Christina; Phelps, Erin; Gestsdottir, Steinunn; Naudeau, Sophie; Jelicic, Helena; Alberts, Amy; Ma, Lang; Smith, Lisa; Bobek, Deborah (2005): Positive Youth Development Programs, and Community Contributions of Fifth-Grade Adolescents – Findings From the First Wave Of the 4-H Study of Positive Youth Development. In: Sage Publications: Journal of Early Adolescence, Vol. 25 (1), S. 17-71

Lind, Georg (2019): Moral ist lehrbar – Wie man moralisch-demokratische Kompetenz fördern und damit Gewalt, Betrug und Macht mindern kann. 4. Auflage, Logos Verlag, Berlin

List, Gudula: Kognition und Sprache – Kindlicher Spracherwerb in Verbindung mit Kognition und kindlichem Handeln aus entwicklungspsychologische Sicht

Mahmoudi, Armin; Moshayedi, Golsa (2012): Life Skills Education for Secondary. In: Life Science Journal, Vol. 9 (2), S. 1155-1158

Marsh, Herbert W. (1986): Verbal and math self-concepts – An internal/external frame of reference model. In: American Educational Research Journal, Vol. 23 (7), S. 129-149

Marsh, Herbert W.; Shavelson, Richard (2010): Self-Concept: Its Multifaceted, Hierarchical Structure, Vol. 20 (3), S. 107-123

Mietzel, Gerd (2002): Wege in die Entwicklungspsychologie – Kindheit und Jugend, Beltz Verlag, Weinheim

Montada, Leo; Lindenberger, Ulman; Schneider, Wolfgang (2012): Fragen, Konzepte, Perspektiven. In: Entwicklungspsychologie, Schneider, Wolfgang; Lindenberger, Ulman (Hrsg.), Beltz Verlag, Weinheim Basel

Pfeffer, Simone (2019): Sozial-emotionale Entwicklung fördern – Wie Kinder in der Gemeinschaft stark werden, Herder Verlag, Freiburg

Psychotherapeuten Kammer NRW: Depressive Kinder und Jugendliche

Raffauf, Elisabeth (2011): Pubertät heute – Ohne Stress durch die wilden Jahre, Beltz Verlag, Weinheim Basel

Raser, Jamie (2012): Erziehung ist Beziehung – Sechs einfache Schritte, Erziehungsprobleme mit Jugendlichen zu lösen, Beltz Verlag, Weinheim Basel

Rauscher, Karl-Heinz (2004): Jugendliche verstehen – Konflikte lösen, Herder Verlag, Freiburg

Scheck, Stephanie (2014): Das Stufenmodell von Erik H. Erikson, Bachelor + Master Publishing, Hamburg

Stahl, Stefanie; Tomuschat, Julia (2018): Nestwärme die Flügel verleiht – Halt geben und Freiheit schenken - wie wir erziehen, ohne zu erziehen, GU Verlag

Stier, Bernhard; Höhn, Katja (2017): Abenteuer Pubertät, Kösel-Verlag, München

Voelchert, Mathias (2017): Liebevolle elterliche Führung – Das Praxisbuch, Beltz Verlag, Weinheim Basel